José Soares

Biblioteca de cordel

José Soares

Introdução e seleção
Mark Dinneen

São Paulo 2007

Direitos autorais sucessores de José Soares, 2007
Direitos desta edição Hedra, 2007

Capa
Júlio Dui
sobre xilogravuras de Marcelo Soares (capa), de Marcos Freitas (lombada)
e de José Lourenço (orelhas e quarta-capa).

Projeto gráfico e editoração
Hedra

Revisão
Iuri Pereira

Direção da coleção
Joseph Maria Luyten

Dados Internacionais de Catalogação na Publicação (CIP)
(Câmara Brasileira do Livro, SP, Brasil)

Soares, José 1914-1981
José Soares / introdução e seleção Mark Dinneen
— São Paulo: Hedra, 2007. — (Biblioteca de cordel)

Bibliografia.
ISBN 978-85-7715-057-1
1. Soares, José, 1914-1981 - 2. Literatura de cordel — Brasil 3. Literatura de cordel
— Brasil — História e crítica I. Dinneen, Mark II. Título. III. Série.

01-2610   CDD-398.20981

Índices para catálogo sistemático:
1. Brasil: Cordelistas: Biografia e obra: Literatura folclórica 398.20981
2. Brasil: Literatura de cordel: História e crítica: Folclore 398.20981

[2007]
Direitos reservados em língua portuguesa
EDITORA HEDRA
rua fradique coutinho, 1139 - subsolo
05416-011 São Paulo - SP - Brasil
telefone/fax: (011) 3097 8304
editora@hedra.com.br
www.hedra.com.br

Foi feito o depósito legal.

Biblioteca de cordel

A literatura popular em verso passou por diversas fases de incompreensão e vicissitudes no passado. Ao contrário de outros países, como o México e a Argentina, onde esse tipo de produção literária é normalmente aceita e incluída nos estudos oficiais de literatura — por isso poemas como "La cucaracha" são cantados no mundo inteiro e o herói do cordel argentino, Martín Fierro, se tornou símbolo da nacionalidade platina —, as vertentes brasileiras passaram por um longo período de desconhecimento e desprezo, devido a problemas históricos locais, como a introdução tardia da imprensa no Brasil (o último país das Américas a dispor de uma imprensa), e a excessiva imitação de modelos estrangeiros pela intelectualidade.

Apesar da maciça bibliografia crítica e da vasta produção de folhetos (mais de 30 mil folhetos de 2 mil autores classificados), a literatura de cordel — cujo início remonta ao fim do século XIX — continua ainda em boa parte desconhecida do grande público, principalmente por causa da distribuição efêmera dos folhetos. E é por isso que a Editora Hedra se propôs a selecionar cinqüenta estudiosos do Brasil e do exterior que, por sua vez, escolheram cinqüenta poetas populares de destaque e prepararam um estudo introdutório para cada um, seguido por uma antologia dos poemas mais representativos.

Embora a imensa maioria dos autores seja de origem nordestina, não serão esquecidos outros pólos produtores de poesia popular, como a região sul-riograndense e a antiga capitania de São Vicente, que hoje abrange o interior de São Paulo, Norte do Paraná, Mato Grosso, Mato Grosso do Sul, parte de Minas Gerais e Goiás. Em todos esses lugares há poetas populares que continuam a divulgar os valores de seu povo. E isso sem nos esquecermos do Novo Cordel, aquele feito pelos migrantes nordestinos que se radicaram nas grandes cidades como Rio de Janeiro e São Paulo. Tudo isso resultará em um vasto panorama que nos permitirá avaliar a grandeza da contribuição poética popular.

Acreditamos, assim, colaborar para tornar mais bem conhecidos, no Brasil e afora, alguns dos mais relevantes e autênticos representantes da cultura brasileira.

Dr. Joseph M. Luyten (1941-2006)

Doutor pela USP em Ciências da Comunicação, Joseph Luyten foi um dos principais pesquisadores e estudiosos da literatura de cordel na segunda metade do século XX. Lecionou em diversas universidades, dentre as quais a Universidade de São Paulo, a Universidade de Tsukuba (Japão) e a Universidade de Poitiers (França), onde participou da idealização do Centro Raymond Cantel de Literatura Popular Brasileira. Autor de diversos livros e dezenas de artigos sobre literatura de cordel, reuniu uma coleção de mais de 15 mil folhetos e catalogou cerca de 5 mil itens bibliográficos sobre literatura de cordel em âmbito mundial.

Joseph Luyten organizou a Coleção Biblioteca de cordel e coordenou-a entre os anos de 2000 e 2006, período em que publicamos nela 22 volumes. Os editores consignam aqui publicamente sua gratidão.

Sumário

Introdução 9

Acabou a gasolina? Ou a gasolina acabou? 43
O fenômeno dos fenômenos – O rio São Francisco
secando 53
O cego no cinema 63
O futebol no inferno 73
Anistia ampla e a volta de Arraes 83
O soldado desordeiro 93
Fim de semana em casa de pobre 101
O homem na lua – Partida e chegada Neil Armstrong 111
A perna cabeluda de Olinda 121
A resposta da carta de Satanás a Roberto Carlos 131
O que o Mercado de São José tem 141
O homem que se casou com uma porca em Alagoas 151

Introdução

Não há dúvida que, entre os vários ciclos ou modalidades identificados pelos especialistas, decididos a estabelecer classificações temáticas da literatura de cordel brasileira, os folhetos de acontecido ou de época, registrando e comentando sucessos locais, nacionais ou internacionais, têm constituído uma corrente particularmente fecunda e durável. O papel notável que os folhetos desempenham como forma de jornalismo popular é um dos motivos mais significativos do interesse crescente na literatura de cordel evidente a partir da década de 1960, não só por brasileiros mas também por muitos estudiosos no exterior. Tal interesse não é surpreendente. Era difícil ignorar um sistema de comunicação tão vasto e complexo, em grande parte organizado e controlado pelas camadas mais pobres da população urbana ou rural, que disseminava notícias a um público imenso mediante um fluxo constante de obras poéticas, e que, no seu auge, provia a subsistência para milhares de poetas, editores e revendedores.

O paraibano José Francisco Soares se especializou nesta literatura de cordel jornalística, e se pode afirmar que era o maior poeta desse gênero no Brasil. Ele se tornou notório por sua perícia em identificar notícias que interessariam a seus leitores, recriá-las na forma de poesia popular e logo produzir os folhetos com uma rapidez assombrosa para vendê-los enquanto o interesse público era agudo. As altas vendas alcançadas pela maioria dos seus poemas demonstram como ele agradava aos consumidores, e seu sucesso chamou a atenção de muitos jornalistas e universitários.

Seria um erro, contudo, considerar José Soares exclusivamente como autor de folhetos noticiosos. Como indicam os poemas selecionados para esta antologia, há muita variedade no tipo de poesia que escreveu, que inclui folhetos de gracejo, histórias de milagres, relatos da vida cotidiana dos pobres e numerosos poemas sobre o futebol. Além de escrever, participava em todo o processo de produção e difusão da poesia popular. Por alguns anos dirigiu uma pequena gráfica, onde imprimiu não só os seus próprios folhetos mas também os de outros poetas, e tinha muitas histórias para contar sobre as suas experiências como vendedor, ou trabalhando numa das suas bancas de revistas no centro do Recife ou viajando de uma feira a outra no interior do nordeste. Examinando a sua vida de poeta, seus métodos de trabalho e alguns dos cordéis que escreveu compreenderemos não só a sua habilidade como cordelista e seu extraordinário faro jornalístico, mas também o dinamismo da literatura de cordel como meio de comunicação popular.

Um esboço biográfico

Zé Soares, como preferia ser chamado, nasceu em 5 de janeiro de 1914, perto de Campina Grande, Paraíba, filho de Manoel Francisco Soares, um agricultor, e Francisca Quirina de Conceição. Desde os primeiros anos da sua vida estava mergulhado no mundo da poesia popular, que naquela época florecia nessa cidade. Alguns parentes tinham renome por suas habilidades poéticas, notavelmente um dos seus primos, o violeiro Agostinho Lopes dos Santos, e o seu tio, Inácio da Catingueira, um dos cantadores mais célebres do nordeste. Como menino, passou muito tempo na feira local, fazendo biscates e escutando com fascinação os poetas e cantadores que se apresentavam ali. Com 60 anos de idade recordou a importância dessa experiência na feira, num folheto autobiográfico no qual se refere a si mesmo na terceira pessoa:

> Quando ele via na feira
> Aquela roda de gente
> Se esquecia de tudo
> Saía ligeiramente
> Pra ver se era folhetos
> Ou cantador de repente
>
> Se acaso fosse um poeta
> Cantando um livro engraçado
> Ele não sentia fome
> Ficava lá escorado
> E só saía no fim
> Quando visse o resultado.

Na escola, só completou o segundo ano primário, mas aprendeu a ler bem. Muitas vezes vizinhos analfabetos lhe procuravam para ler os poemas que tinham comprado. Logo ele mesmo começou a escrever versos e, em 1928, aos 14 anos, imprimiu o seu primeiro folheto entitulado *Descrição do Brasil por Estados*. Nele, levou o leitor numa excursão pelas variadas regiões do país. Superando a timidez, conseguiu vender bom número de exemplares.

Embora mais tarde recordasse com afeto a sua juventude, a vida naquela época era difícil. Quando tinha quinze anos, os dois pais tinham morrido e José era chefe da família, responsável pelo cuidado dos irmãos e a provisão de um rendimento para a casa. O que gostava mais era de escrever poesia, e lhe encorajaram os cordelistas famosos da Paraíba com quem tinha amizade, como Manoel D'Almeida Filho e Manoel Camilo dos Santos.

No entanto, era difícil ganhar a vida exclusivamente da literatura de cordel, e ele tinha que se dedicar a outras ocupações. Trabalhou como almocreve e agricultor, mas foi como pedreiro que finalmente encontrou emprego seguro, no Recife, Rio de Janeiro e Niterói, entre outras cidades, e com salário bastante maior do que tinha ganhado até então. Passou muitos anos nesse ofício, limitando o tempo disponível para a poesia. Contudo, a década de 1950 constituiu um período muito próspero para a literatura de cordel brasileira, com vendas altas estimulando a produção de cada vez mais folhetos, e José sentia vontade de retomar o que considerava a sua verdadeira vocação e estabelecer-se como cordelista profissional.

Em 1958, morando no Recife, alugou um espaço ao lado do mercado São José para montar uma banca de revistas. Deu-lhe o nome de Barraca Tricolor, fazendo referência às cores do seu time de futebol predileto, o Santa Cruz. Aí, com um posto de venda para seus folhetos e os de outros autores, ganhou a vida pelos catorze anos seguintes. Tornou-se editor de folhetos em 1960, estabelecendo A Gráfica Tricolor em Casa Amarela, no Recife, mas os altos custos o obrigaram a fechá-la depois de três anos, e outra vez teve que contar com outras tipografias para imprimir os seus poemas.

Como poeta, José Soares descobriu uma fórmula muito bem sucedida, apanhando notícias de várias fontes e recriando-as rapidamente na forma de folheto para um grande número de leitores. Distribuídos por grande parte do país, ou por revendedores ou em suas próprias viagens às feiras, os seus poemas vendiam bem e as tiragens eram altas. Numerosos acontecimentos nacionais e internacionais foram tratados, e o seu sucesso como comunicador popular resultou em encomendas de muitos políticos e empresários pedindo-lhe um folheto para promover uma campanha política ou um novo serviço ou produto. Nos anos 70 José Soares já era uma pessoa célebre no Recife, regularmente procurado para dar entrevistas a jornalistas ou pesquisadores de cordel. Era um poeta prolífico, e durante os anos mais produtivos produzia um folheto a cada quinze dias. Ao final da sua carreira, tinha publicado aproximadamente duzentos e oitenta folhetos, com mais de cinqüenta inéditos.

Porém, como todos os poetas populares, José Soares também conhecia tempos de privação e dificuldade. Havia períodos em que sua precária situação econômica impedia a impressão dos seus poemas, ou as ações das autoridades dificultavam seu trabalho de poeta. Em 1972, por exemplo, a prefeitura do Recife decidiu remover todas as barracas ao lado do mercado São José, deixando José Soares sem um local de venda. Durante os próximos dois anos, seguindo os passos de outros poetas, saía de casa todos os dias, muitas vezes acompanhado por um dos filhos, Marcelo, que hoje é cordelista e xilógrafo, e na praça Dom Vital vendia os seus folhetos numa mala em cima de um tripé. Em 1974, outra prefeitura assumiu o poder na cidade, e José conseguiu um novo espaço para uma banca de revistas, desta vez no Cais de Santa Rita, onde trabalhou até 1980.

Nunca declamava ou cantava os seus poemas na feira. Era um tradicional poeta de bancada. Estava feliz no Recife, mas a sua vida de cordelista nunca era sedentária. Viajava muito pelo Nordeste para vender folhetos, experimentando os altos e baixos típicos da sorte do poeta popular, que recordava com característico humor nos últimos versos do seu folheto autobiográfico de 1974:

Os oito Estados do Norte
Ele conhece demais
Vendendo livro na feira
Discutindo com fiscais
Andando a pé e dormindo
Dentro de canavais

Está com sessenta anos
Perto de dar o gorgulho
Mas é um velho maneiro
Travessa rio de mergulho
Em briga de poesia
Ele entra no barulho.

Procurava incansavelmente novas oportunidades para vender os seus poemas. Em 1961, foi a Brasília com exemplares do folheto que acabava de publicar, *A renúncia de Jânio Quadros*, e, como tinha planejado, vendeu milhares de exemplares a senadores e deputados, entre outros.

A vida de José Soares sempre foi cheia de incidentes, de "...muitas aventuras por mercados, feiras e mulheres", nas palavras de Orígenes Lessa[1]. Casou-se três vezes. Teve três filhos com a primeira esposa, Hilda Fernandes, mais dois com a segunda, Maria José Guedes, e seis como resultado do seu terceiro matrimônio, com Maria José Alves, com quem se casou em 1949. Um dos filhos desse terceiro casamento, Marcelo, lembra como o seu pai, para produzir um folheto sobre uma novidade o mais rápido possível, mobilizava toda a família para o trabalho de dobrar e encapar as páginas e preparar o livrinho para a distribuição[2].

Embora tenha produzido tantos folhetos, José sempre lamentava que, devido à falta de recursos, não podia publicar mais. Ele acreditava que as instituições do Estado deveriam ter proporcionado mais apoio aos poetas, como, por exemplo, uma gráfica dedicada à publicação da literatura de cordel. Agradeceu a ajuda que de vez em quando recebeu, como, por exemplo, a assistência financeira para a publicação de folhetos que foi organizada por Ariano Suassuna nos anos 70, quando era Diretor do Departamento de Extensão Cultural da Universidade

[1] Orígenes Lessa, *A voz dos poetas*, p. 32.
[2] *Idem*, p. 41.

Federal de Pernambuco. Entretanto, a maior parte de sua vida José tinha que contar com os seus próprios esforços para sobreviver como poeta. Não era fácil sustentar a família, mas ele era resistente e perseverante, e, apesar das dificultades, a profissão de cordelista lhe deu muito prazer e satisfação. Se sentia realizado escrevendo poesia, gostava do trabalho de vendedor, sempre imprevisível, e desfrutava de boas amizades com outros poetas de renome, como José Costa Leite, J. Borges e Rodolfo Coelho Cavalcanti.

A saúde de José estava enfraquecida nos últimos anos da vida, mas ele continuou a escrever poesia. O seu último folheto, outro poema sobre um acontecimento local, intitulado *O incêndio das barracas de fogos em Garanhuns*, foi concluído só duas semanas antes da sua morte. Morou em Timbaúba nos últimos meses da sua vida e ali faleceu no dia 9 de janeiro de 1981. O afeto sentido por ele, e o respeito pela sua dedicação à poesia popular, foram amplamente expressados nas homenagens abundantes que provieram de jornalistas, pesquisadores de cordel e outros poetas.

A literatura de cordel como jornalismo popular

Entre os estudos cada vez mais numerosos dos sistemas de comunicação popular no Brasil, destacam-se as pesquisas pioneiras realizadas por Luiz Beltrão a partir da década de 1960. Ele identifica a literatura de cordel como exemplo excelente da *folkcomunicação*, que define como "...o conjunto de procedimentos de intercâmbio de informações, idéias, opiniões e atitudes dos públicos marginalizados urbanos e rurais, através de agentes e meios direta ou indiretamente ligados ao folclore"[3]. Explica como os setores mais desprovidos da população mantêm os seus próprios meios de comunicação, de caráter artesanal e horizontal, pelos quais idéias e mensagens são "...elaboradas, codificadas e transmitidas em linguagens e canais familiares à audiência, por sua vez conhecida psicológica e vivencialmente pelo comunicador, ainda que dispersa"[4]. Dentro desta rede de comunicação popular, os folhetos de acontecido têm um papel de importância vital, apanhando notícias propagadas pelos meios de comunicação de massa, ou, de vez em quando, por rumores dentro das comunidades locais, e reformulando-as, ou *recodificando-as*, para um público popular. É evidente que uma explicação fundamental para o dinamismo da literatura de cordel brasileira, e sua sobrevivência por tanto tempo, é sua capacidade de incorporar constantemente novos temas, a maior parte dos quais são atualidades, como novos acontecimentos políticos, tanto nacionais como internacionais, crimes e desastres regionais ou a morte de um indivíduo célebre. Tais tópicos geram interesse, debates e opiniões que dão vitalidade à poesia popular.

Os folhetos noticiosos têm existido desde o começo da literatura de cordel brasileira no século XIX. Eram uma parte considerável da produção de muitos dos primeiros grandes cordelistas, inclusive Leandro Gomes de Barros, alternando-se com temas mais tradicionais, com raízes européias, como, por exemplo, a cavalaria ou o picaresco.

---

[3] Luiz Beltrão, *Folkcomicação: a comunicação dos marginalizados*, p. 24.
[4] *Idem*, p. 28.

Entretanto, esses poetas, como os 'poetas-repórteres' mais recentes, não só queriam informar o público mediante seus folhetos de acontecido, divulgando notícias dramáticas ou sensacionais. Eles também queriam expor as suas próprias opinões sobre o acontecimento e realçar a importância que tinha, vinculando-o, talvez, à vida e experiência dos leitores, ou explicando como podia servir-lhes de lição. É por isso que pesquisadores como Roberto Benjamim ressaltam a função da literatura de cordel como intermediária no processo de comunicação social, criando uma versão original de um grande evento, muito distinta das que aparecem, por exemplo, na imprensa ou na televisão[5].

É na recriação da notícia que podemos ver e apreciar a perícia dos melhores poetas-repórteres, como José Soares, que aprenderam a relatar acontecimentos importantes conforme as tradições básicas da poesia popular enquanto incorporavam elementos que cativavam e entretinham os leitores, e davam ao poema um toque particular. Um assunto que à primeira vista parece alheio à vida do público do folheto pode ser apresentado de tal forma que produz uma sensação de reconhecimento e identificação. Um bom exemplo é citado num artigo de Robert Rowland, que se refere a um folheto de João Martins de Athayde baseado na notícia de Sacco e Vanzetti, dois pobres imigrantes italianos nos Estados Unidos que, depois de muito esforço para obter trabalho e estabelecer-se, participaram do movimento anarquista, foram detidos pelas autoridades,

---

[5] Ver Roberto Câmara Benjamim, "Folhetos Populares Intermediários no Processo da Comunicação", *Revista Comunicação e Artes*, São Paulo, 1, 1970.

acusados de homicídio durante um assalto a uma agência de correio e executados em 1923, apesar de suas declarações de inocência. O folheto vincula o tema à sorte dos emigrantes nordestinos que viajam ao sul do Brasil à procura de uma vida melhor, só para unir-se às fileiras de desempregados e favelados, lutando por sobreviver[6].

Os folhetos de acontecido destacaram-se no auge da literatura de cordel, nas décadas de 1940 e 1950. Em particular, o interesse dos setores populares nos acontecimentos políticos do país criou condições favoráveis à produção de poemas tratando de política. Segundo vários pesquisadores, a morte, em 1954, do presidente Getúlio Vargas, considerado por muitos poetas e seus leitores como o benfeitor dos pobres, foi o evento que gerou mais folhetos de cordel, e com tiragens altíssimas. Adelino Brandão afirma que, sobre o assunto, "...foram vendidos cerca de dois milhões (2.000.000) de folhetos, de autoria de nada menos do que 60 poetas-cordelistas..."[7]. Devido a este grau de êxito, o folheto jornalístico se consolidou na década de 1950, exercendo uma forte influência sobre José Soares, que começou a estabelecer-se como cordelista profissional nesses anos. Desde aquela época, apesar dos altos e baixos no seu nível de produção, exemplos do gênero têm saído com regularidade, reagindo rápidamente às ocorrências que têm interesse para o público. O grande número de folhetos publicados sobre os atentados nos Estados Unidos em 11 de setembro de 2001 e suas conseqüências,

---

[6] Robert Rowland, "Cantadores del Nordeste brasileño: estructura y cambio social en el Nordeste del Brasil", *Aportes*, Paris, 3, janeiro 1967, p. 144.
[7] Adelino Brandão, *Crime e castigo no cordel*, p. 29.

demonstram o dinamismo que este tipo de cordel detém até hoje. É uma corrente com raízes fortes, e ninguém deu maior contribuição ao seu desenvolvimento que José Soares, versificador hábil com extraordinária aptidão jornalística.

O poéta-repórter

O bom jornalista sabe instintivamente quais são as novidades que capturarão a atenção dos seus leitores e que por isso merecem uma cobertura ampla. Todos os dias José Soares acompanhava atentamente as notícias, lendo jornais e escutando o rádio, com a intenção de captar a próxima novidade notável que proporcionasse a matéria-prima para outro poema. Sempre dizia que, longe de solapar a literatura de cordel, como opinavam alguns estudiosos, os meios de comunicação de massa ajudavam o poeta popular, constantemente proporcionando idéias e inspiração. Às vezes fazia pesquisas sobre um tema para obter toda a informação que precisava, entrevistando pessoas e indagando os detalhes do caso. Os folhetos mais vendidos eram os que tratavam de notícias particularmente dramáticas, como *A renúncia de Jânio Quadros*, com 60.000 exemplares vendidos, e *O assassinato de Kennedy*, que vendeu mais de 40.000 cópias. Mas o seu maior sucesso era *A morte do bispo de Garanhuns, Dom Expedito Lopes*, que vendeu 108.000 exemplares só em Pernambuco. No dia 1º de julho de 1957 o bispo foi assassinado a tiros pelo padre Hosana de Siqueira e Silva, resultado de um conflito amargo entre eles, e o assunto provocou enorme alvoroço por todo o Brasil. José Soares colheu os detalhes da imprensa, e, demonstrando o seu papel como intermediário no processo de comunicação, reescreveu a história, criando uma nova versão para os consumidores de folhetos. Como outros 'poetas-repórteres', José Soares não se contentava em descrever o que aconteceu. Desde o princípio do poema que produziu, ele expressa a sua opinião em termos fortes. Os primeiros versos enfatizam o drama do acontecido e condenam o crime, sugerindo que é tão extraordinário que custa acreditá-lo:

> Garanhuns está de luto:
> Numa bisonha manhã
> Foi morto dom Expedito,
> Um bispo de alma sá,
> Pelo revólver dum padre
> Partidário de Satã.

> Sim, leitores, esse padre,
> Com seu instinto pagão,
> Com três tiros de revólver
> Prostrou sem vida no chão
> A dom Expedito Lopes,
> Príncipe da religião.

José Soares sabia como contar a história numa linguagem e em padrões de ritmo e rima que agradariam a seus leitores, e como suscitar as emoções deles. Empregava metáforas simples mas impressionantes que dão vivacidade à narrativa e realçam o seu conteúdo emocional, como se vê na descrição do bispo mortalmente ferido:

Dom Expedito gemia,
Se contorcendo de dores;
Ele, sendo tão pacato,
Nunca pensou em horrores;
Estava em leito de espinhos
Quem tanto cuidou de flores.

Nas últimas duas estrofes, as sextilhas empregadas no resto do poema são trocadas por septilhas, demonstrando a maestria do poeta em ambas as formas. A variação dá mais força à conclusão do folheto, na qual José Soares lamenta a fragilidade da existência humana e se refere ao seu papel de comunicador popular:

O mundo é um vale de lágrimas,
A morte temos por certo;
Nossa vida é por enquanto,
Nosso túmulo vive aberto:
Contente o bispo vivia
Porque ainda não sabia
Que a morte estava tão perto.

Termino, caros leitores,
Nada mais tenho a dizer;
O triste acontecimento
Estou disposto a vender;
De um jornal escrevi,
Porque lá não assisti:
Melhor não pude fazer.

Outra razão importante do sucesso de José Soares como poeta-repórter era a velocidade extraordinária com que produzia muitos dos seus folhetos. Ao referir-se aos folhetos noticiosos, o *Dicionário bio-bibligráfico de repentistas e poetas de bancada*, importante livro de consulta publicado em 1978, comenta que "Nesse gênero, e na rapidez de realizá-lo, ninguém pode se medir com José Soares — poeta-repórter. Quarenta e oito horas depois do desabamento do prédio em que funcionava a Agência do Banco Mercantil em Jaboatão, Pernambuco, estava na rua o folheto *A tragédia de Jaboatão: 13 mortos e 35 feridos*[8]. Imediatamente depois de ler ou escutar uma notícia notável, escrevia o seu poema sobre o tema, e, segundo o seu filho Marcelo, às vezes o terminava em vinte minutos[9]. Além disso, estabeleceu um sistema de produção de alta velocidade sem par entre outros poetas. Durante muitos anos tinha um acordo com a Gráfica Medeiros, no bairro de Estância no Recife, que lhe dava prioridade logo que tinha uma obra pronta para pôr no prelo. A gráfica parava qualquer outro trabalho para concentrar-se na produção dos folhetos. Mais tarde, José fez outro acordo semelhante com a Encadernográfica Capibaribe, de outro bairro de Recife. Era essencial ter os folhetos prontos o mais rápido possível para maximizar as vendas enquanto o tema ocupasse a atenção do público. Assim, poucas horas depois de ser escrito, o poema estava impresso e as páginas prontas para serem dobradas, tarefa muitas vezes realizada rapidamente por toda a família Soares. Enquanto José

---

[8] Átila Augusto F. de Almeida e José Alves Sobrinho, *Dicionário bio-bibliográfico de repentistas e poetas de bancada*, p. 12.
[9] Orígenes Lessa, *op. cit*, p. 39.

levava os folhetos acabados para vender no centro de Recife, entre 15 e 20 revendedores começavam a distribuí-los por todo o Nordeste. No seu auge, esta rede de produção e distribuição provia o sustento de muitas pessoas.

No mundo da literatura de cordel, se tornou legendária a rapidez com que José Soares podia produzir um folheto, e dentro em pouco atraía a atenção da imprensa nacional. Vários jornais, por exemplo, publicaram breve artigos sobre o poema *A morte de Juscelino Kubtischeck*, que escreveu em 1976. Às 6 da manhã de 23 de agosto daquele ano, José ouviu no rádio que o ex-presidente morrera num acidente de automóvel na noite anterior. Ele leu os jornais para obter mais informações e logo escreveu o seu poema sobre o tema, esboçando a carreira política do ex-líder e descrevendo num tom dramático a tragédia que lhe custou a vida. Completou-o em três horas, consegiu um foto de Juscelino para a capa, e levou a obra à gráfica. Durante a tarde os folhetos foram impressos e na manhã do dia seguinte, só trinta horas depois do acidente fatal, estavam à venda no Recife. José Soares admirava Juscelino, e embora o poema mencione críticas feitas a algumas das políticas da sua gestão, o objetivo principal era prestar-lhe homenagem, como é exemplificado nesta estrofe:

> JK deixou a vida
> Mas entrou para a história
> A sua voz era um mito
> Que nos ficou na memória
> Ressoando em nossa mente
> O seu passado de glória.

Não é surpreendente que este relato original da vida e morte de Juscelino, escrito nas sextilhas tradicionais, produzido com uma velocidade incrível e divulgado ostensivamente, atraísse a imprensa regional e nacional. José Soares reconheceu o potencial do tema e, pouco depois, produziu outro folheto titulado *O encontro de JK com Getúlio Vargas no Céu*, aproveitando a popularidade perdurável das duas personalidades.

Uma vez que o falecimento de uma pessoa famosa e popular é um assunto particularmente comovente para o público, especialmente no caso de uma morte inesperada, não é surpreendente que este tenha sido um tema comum dos folhetos de acontecido. Com o seu faro de jornalista, José Soares decidiu publicar poemas sobre as mortes dos cantores Evaldo Braga, Orlando Silva e Elvis Presley, e todos venderam bem, mas, como as agências de notícias, ele também antecipava as mortes dos célebres e preparava necrológicos sobre certos indivíduos idosos e adoentados. Uma vez confirmado o falecimento, acrescentava os últimos versos com os detalhes sobre a morte, e produzia o folheto o mais rápido possível. *A lamentável morte da Sua Santidade o Papa João XXIII*, por exemplo, foi escrito enquanto o prelado agonizava, e estava à venda poucas horas depois do falecimento, antes de que os jornais do nordeste fizessem reportagens sobre o assunto. Segundo Joseph Luyten, foi esta façanha que levou a imprensa de Pernambuco a dar a José Soares o título de 'poeta repórter', que, usado a partir desse momento nas capas dos seus folhetos[10]. Outro poema preparado da mesma maneira,

---

[10] José Luyten, *A notícia na literatura de cordel*, p. 111.

A lamentável morte do deputado Alcides Teixeira, era um dos seus folhetos de maior sucesso. Posto à venda ainda durante o enterro do deputado, atingiu 51 mil exemplares vendidos.

Quando antecipava-se à grande imprensa, José Soares sempre era bem sucedido. Sempre alerta, conseguiu fazê-lo várias vezes. O exemplo mais notável é o folheto *O fenômeno do fenômenos – O rio São Fransisco secando*, escrito antes de a questão ser abordada pela imprensa. José opinava que com esta obra, chamando atenção para um assunto importante, tinha feito alguma coisa realmente útil como poeta, e recebeu um prêmio da Casa de Rui Barbosa pelo trabalho[11]. O poema avisa das conseqüências duma falta de água no rio, falando das dificultadades que ocasionaria para as usinas hidrelétricas, a pesca e o transporte fluvial, e menciona as possíveis soluções. Contudo, estes problemas são tratados de uma forma original. São considerados de acordo com uma visão particular do mundo, compartilhada pelo poeta e a maioria dos seus leitores, segundo a qual as ocorrências extraordinárias são indícios da loucura ou imoralidade humana, e muitas vezes castigo pelos pecados cometidos. Assim, José Soares vincula a seca do rio a outros fenômenos, como um homen que deu à luz e um morto que tinha falado, os quais demonstram que "nesse planeta terráqueo,/ acontece o impossível". As autoridades devem fazer todo o possível para retificar o problema do rio, mas, no final, há que pôr a sua fé em Deus e pedir-lhe misericórdia.

---

[11] Maria Edileuza Baptista, "A história do poeta-repórter que não foi agricultor, não deu para pedreiro e vive feliz escrevendo cordel", *Jornal do Comércio*, 1º fev. 1978.

Nem todos os pesquisadores de cordel consideravam José Soares um bom poeta. Orlando Tejo, por exemplo, escreveu que um folheto que publicou em 1974, *A vitória de Marcos Freire e a derrota de João Cleofas*, estava mal escrito, além de ser medíocre e de pouca inspiração[12]. Na realidade, apesar da necessidade de produzir as suas obras o mais rápido possível, que era imprescindível para o seu trabalho, José publicava com regularidade poemas habilidosos e engenhosos. O mais importante para ele era agradar, não aos pesquisadores da poesia popular, mas a seus leitores regulares, e isso conseguiu. As vendas dos seus folhetos, muito acima da média para um poeta de cordel, são a prova. Será que alguns críticos esqueciam-se dos objetivos do folheto de ocorrido, assim como do seu processo específico de produção, e assim faziam comparações inadequadas com outros tipos de cordel de outras épocas? No entanto, também havia estudiosos que se referiam à originalidade e criatividade de José Soares. Exemplo notável é Ariano Suassuna, que, numa entrevista em 2003, comentou que a única coisa boa que leu sobre a chegada da Apollo 11 à lua em 1969 tinha sido o folheto que José Soares escreveu sobre o tema, titulado *O homem na lua*. Ariano explica que gostou tanto porque José descreve as coisas nos termos da sua própria cultura, fazendo o mundo das viagens espaciais, que parece tão remoto e estranho, imaginável e cheio de vivacidade para os seus leitores[13]. Para ilustrar o seu ponto, Ariano cita a estrofe na qual se descreve a indumentária

[12] Citado em Joseph Luyten, *op. cit,* p. 78.
[13] Ariano Suassuna, "Entrevista do mês", *Revista Caros Amigos*, ed. 75, junho 2003.

dos astronautas como se fosse roupa de vaqueiro ou de cangaceiro:

> Os astronautas trajavam
> Calça, culote e colete
> Um guarda-peito de aço
> Desenhando um ramalhete
> E cada um tinha uma estrela
> De prata no capacete.

A originalidade do relato também provém da dimensão moral que está incluída. Depois de elogiar a grande realização técnica que representa a viagem à lua, José, referindo-se ao padre Cícero, avisa do perigo da arrogância humana que pode resultar numa fé total no avanço tecnológico:

> Eu mesmo estava lembrando
> Que Padre Cícero dizia
> A ciência eleva o homem
> Mas não dá autonomia
> Só faz o que Deus consente
> O resto é hipocrisia.

Finalmente, José introduz um toque de humor aos versos, característica comum na poesia dele. Comenta que a viagem não lhe parece muito atraente e que ele somente a faria em condições muito excepcionais:

> Eu mesmo só vou à lua
> Se for montado num jegue

A riqueza me persiga
Toda fortuna me entregue
E o zumbi de uma porca
Dê-me um beijo e me carregue.

Como um jornalista ou redator de jornal que tem que inventar uma manchete apelativa, José pensava com cuidado sobre os títulos para os seus folhetos. O que se precisava era uma frase breve que resumisse de forma concisa o tema, e que fosse capaz de prender a atenção dos clientes em potencial. Também dava muita importância à primeira estrofe de um poema. Tinha que deixar o leitor intrigado, e fazer com que ele quisesse comprar o folheto para ler o resto da narrativa. Às vezes, em vez de ir direto ao assunto, começava com alguns versos de introdução que sublinhavam a importância do tema e se referiam à sensação que estava causando. Foi desta maneira que escreveu, em 1966, *O vaqueiro que deu à luz, fenômeno dos fenômenos*, narrando a história de uma moça criada como homem, e outro folheto que lamenta o que se vê como a inversão da ordem natural das coisas. As seguintes estrofes introduzem o relato:

O mundo já deu um tombo
No outro tombo ele cai
E só presta se acabando
Porque do jeito que vai
Se acaba a religião
Casa-se irmã com irmão
Se amiga filha com pai

O povo do mundo quer
Desfazer no que Deus faz
Um ateu em João Alfredo
Se amigou com satanás
Uma moça casou com outra
Perto de Minas Gerais.

José Soares relatou muitos acontecimentos políticos na sua poesia. Em 1977, publicou *Feitos da revolução e reformas políticas*, o seu folheto mais controverso. É um elogio ao regime militar, louvado por ter imposto a ordem no país, e agora, dirigido pelo presidente Geisel, por introduzir reformas políticas:

Antes da Revolução
Se confundia a temática
Os homens de teoria
Não poderiam pôr em prática
Só depois da salvadora
Revolução Democrática.

O poema provocou fortes críticas de alguns estudiosos, que o achavam adulatório a um sistema político repressivo. Mas José Soares não era bajulador do regime. Também escreveu sobre temas que as autoridades militares não teriam aprovado, e, durante os anos de repressão mais extrema, queimou alguns dos seus poemas, temendo os problemas que poderiam causar. De fato, publicou três folhetos em homenagem a uma das maiores figuras da esquerda brasileira, Miguel Arraes, um político do qual gostava muito. O primeiro, *A vitória de Arraes ou A vingança de Zé Ninguém*, celebra o êxito eleitoral de Arraes em 1962, e os outros dois, *Anistia ampla e a volta de Arraes*, incluído nesta antologia, e *A chegada de Arraes*, comemoram o regresso do político ao Brasil em 1979, depois de muitos anos no exílio. Na realidade, embora José se interessasse muito pela vida política brasileira, nunca fora fiel seguidor de nenhum partido ou tendência ideológica. Era, contudo, um poeta de consciência social, sempre preparado para escrever sobre o sofrimento do povo, fosse causado por um desastre natural, como relata no folheto *As cheias do Recife e o lamento do povo*, ou por políticas do governo, como no caso de *A carestia e o selo em tudo*. No poema *Fim de semana em casa de pobre*, escrito numa época de forte inflação, utiliza a primeira pessoa para descrever em pormenores as privações na sua própria casa, dando aos versos um tom íntimo. Essa experiência é conhecida por uma grande parte da população brasileira: a luta cotidiana experimentada por muitos trabalhadores para prover a subsistência da família. O protesto contra as injustiças sofridas é claro, mas é expressado em termos vibrantes para cativar o leitor. Entre os recursos retóricos utilizados, destacam-se outra vez metáforas simples, desta vez escolhidas para enfatizar, com humor irônico, o valor exagerado agora dado aos alimentos básicos:

> Feijão agora é doutor
> Carne de boi é rainha
> Bacalhau agora é rei
> Vai subir dona farinha
> Um ovo de granja custa
> O preço de uma galinha.

Na obra de José Soares, a narração de eventos nunca é fria ou insípida. Não há nenhuma tentativa de ser imparcial. Fica evidente como a retransmissão das notícias sempre vem colorida pelo temperamento do poeta. Sempre presentes nos versos, emaranhadas com os fatos, estão as suas próprias emoções, crenças e aspirações, e, muitas vezes, o seu agudo senso de humor. Como ele mesmo disse uma vez, o poeta tinha que trabalhar na sua narrativa, para "torná-la mais gostosa, mais cheia de graça"[14].

As encomendas

Os folhetos encomendados por políticos, empresas ou organizações públicas têm recebido pouca atenção por parte dos pesquisadores de cordel, muitos dos quais os consideram de pouco valor ou interesse. A poesia publicitária, segundo alguns deles, restringe a criatividade e a imaginação do poeta, obrigando-lhe a malbaratar o seu talento na promoção de produtos, serviços ou políticos cujo valor verdadeiro ele muitas vezes desconhece. Contudo, este tipo de folheto tem representado uma fonte importante de rendimento para muitos poetas, ajudando-lhes a sobreviver como cordelistas profissionais e a publicar outros poemas sobre temas de sua própria escolha. As limitações dos folhetos de encomenda são evidentes, e poucos poetas os incluiriam entre as suas melhores obras, mas não é uma poesia destituída de destreza. Para assegurar que a publicidade seja eficaz, o poeta tem que unir a versificação tradicional do cordel e a linguagem sucinta e animada da

---

[14] Ricardo Noblat, "José Soares canta a glória de Juscelino", *Manchete*, 1978.

propaganda, de tal modo que consiga interessar e entreter os leitores.

Entrevistado por *Veja* em 1977, durante uma das fases mais produtivas da sua carreira, José Soares comentou que quase toda semana fazia um folheto de encomenda, para organizacões como Viação Itapemirim, INPS e Sudene[15]. Um dos mais bem sucedidos foi *Pé de dinheiro do Banorte*, publicado para a abertura de uma nova filial do banco em Brasília e reeditado várias vezes depois, alcançando trinta mil exemplares. Os folhetos encomendados constituíram uma parte significativa do seu trabalho de cordelista, e o fato de que o seu serviço era muito solicitado atesta a sua eficácia como comunicador popular. Entretanto, o mesmo artigo de *Veja* repete a preocupação expressa por outros de que a encomenda provoca o empobrecimento das qualidades tradicionais da poesia popular. Afirma que, escrevendo este tipo de folheto, os poetas "...usam o mínimo de rebuscamento e floreios de linguagem, entrando direto na propaganda"[16], e cita a primeira estrofe de *O Papa-Léguas da Itapemirim*, de José Soares, como exemplo:

> A empresa Itapemirim
> Agora meteu a cara
> Botou ônibus luxuosos
> De Patos da Espinhara
> Rodando diariamente
> Direto pra Guanabara.

[15] "Cordel para tudo", *Veja*, 11 de maio de 1977, p. 100.
[16] *Idem*

É óbvio que este tipo de poesia deve ser direta e concisa na sua expressão para fazer a publicidade o mais eficaz possível. A linguagem mais requintada se reserva para outros gêneros de cordel. José Soares sabia construir versos simples que divertiam o leitor enquanto promoviam os serviços ou produtos do seu cliente.

Incluído nesta antologia há um exemplo interessante de um folheto encomendado como propaganda eleitoral. *O soldado desordeiro* data de 1978, quando uma deputada federal, membro do MDB, pediu a José Soares que escrevesse um poema condenando a conduta de um soldado que tinha causado desordens no mercado público de Garanhuns, abusando da gente que estava ali e disparando um revólver. Um comerciante foi gravemente ferido por uma bala. O objetivo do folheto era persuadir os leitores de que, para pôr fim a incidentes deste tipo, tinham que votar no MDB. Cinco mil exemplares foram publicados e distribuídos, mas, devido à natureza delicada do tema, José Soares não colocou o seu nome neles. Como sempre, cumpriu a missão com exatidão, empregando uma linguagem vigorosa para repreender com veemência, e termina o folheto com alguns versos de propaganda a favor da deputada e do partido dela. José Soares escreveu vários folhetos sob encomenda de políticos, indiferente à posição ideológica deles. Para ele era uma transação estritamente comercial.

Folhetos de gracejo

Todos os cordelistas reconhecem o valor do folheto como veículo de entretenimento, e José Soares não fez exceção.

Publicou muitos poemas humorísticos, e o prazer que tinha ao escrevê-los era claramente transmitido ao leitor, como quando uma boa piada é compartilhada entre amigos. O fato de ele, como poeta-repórter, ter escrito tantos folhetos sobre desgraça e morte talvez fizesse com que os temas alegres e engraçados lhe dessem um prazer especial. Podia permitir que a sua imaginação voasse, e inventar um mundo absurdo e fantástico. Bom exemplo é *O futebol no Inferno*, um folheto produzido em 1974, que, muito popular, foi reeditado várias vezes. Cheio de imagens surrealistas e ação cômica, descreve um jogo de futebol entre Lampião e o Diabo. José gostava de criar este tipo de encontro extraordinário que reúne figuras históricas ou famosas com seres sobrenaturais ou personagens fictícios. Outros exemplos são os folhetos *A resposta da carta de Satanás a Roberto Carlos*, no qual Roberto Carlos, com habilidade, rejeita as acusações de comportamento imoral e repele o diabo, e *Kung-Fu e Satanás arrancando uma botija*, que descreve outra derrota para Lúcifer, desta vez superado pela astúcia de Kung-Fu quando os dois competem para recuperar um tesouro enterrado.

É notável na poesia humorística de José Soares a sua fascinação com os seres fantásticos, evidente em *A perna cabeluda de Olinda*, folheto inspirado numa lenda que tem circulado no Nordeste desde a década de 1940. Como outras entidades maravilhosas, a perna cabeluda, que pula pela cidade fazendo distúrbios e dando pernadas na gente, é vista pelo poeta como sinal do fim do mundo, aviso do caos que resulta da conduta pecaminosa da humanidade. Contudo, o tom destes poemas é sempre jocoso. Tudo é possível no mundo que ele cria, como se vê em *A cobra de dois pés e a porca que deu cria a um cachorro*. José afirma que a cobra singular, que engolia cavalos, bois e seres humanos, foi encontrada e morta por amigos dele. Embora assegure que é uma história séria, também declara que adornar um pouco é sempre parte necessária da arte da poesia popular:

> A história é o seguinte
> Uma cobra com dois pés
> Cada pé com quatro dedos
> Cada dedo dois anéis
> Com um pouquinho de exagero
> Das histórias de cordéis.

Como poeta-repórter sempre enfeitava as notícias que apanhava do rádio ou dos jornais, mas nos folhetos de gracejo exercia com liberdade total os seus poderes de invenção.

Bom contador de patranhas era José Soares. Uma vez que tinha uma idéia para uma história divertida, sabia como aproveitar-se de todas as suas possibilidades cômicas. *Zé do Brejo, o caipora*, por exemplo, narra a série de desgraças sofridas por um matuto atormentado por má sorte, ou o caiporismo. Tudo o que ele faz, inclusive as coisas mais simples, se converte num desastre:

> Mas tinha um caiporismo
> Que Virgem Nossa Senhora
> Como é que um sujeito
> Nasceu assim tão caipora

Botava o comer na boca
O comer caía fora.

Cada estrofe do folheto conta outras calamidades, cada vez mais extraordinárias. A má sorte acompanha o infeliz por todas as partes:

Ele viajou num trem
E o trem descarrilhou
Saltou e entrou num ônibus
Com meia hora virou
Viajou num pau de arara
O miserável quebrou.

A descrição de situações ou ocorrências risíveis se tornou outra especialidade de José Soares. Inspirou-se em muitas fontes diferentes. *O rapaz que casou com uma porca no Estado de Alagoas*, por exemplo, está baseado num relato que José leu num jornal. Como tema para folheto era irresistível. É outra coisa "do fim do mundo", escreve na primeira estrofe, mas em vez de lamentar o excêntrico comportamento humano prefere desfrutar o divertimento que sempre provê.

O poeta do futebol
A literatura de cordel, que abrange todos os assuntos de interesse nacional, não poderia esquecer-se do esporte, sobretudo o futebol, uma paixão compartilhada por uma enorme parte da população do país. Numerosos são os folhetos publicados que celebram os êxitos de uma equipe,

as partidas importantes ou as carreiras de jogadores, ou que comentam aspectos controversos do futebol brasileiro. José Soares era o poeta popular que mais escreveu sobre esta área da vida nacional. Joseph Luyten calcula que ele produziu pelo menos cinqüenta folhetos sobre o futebol, a maioria dos quais tratava do seu clube favorito, o Santa Cruz do Recife[17].

Ele sempre gostou do futebol, mas foi o supercampeonato do Santa Cruz em 1957 que lhe estimulou a escrever o seu primeiro folheto desse tipo. Vendeu bem. Tinha descoberto outro filão de muito potencial para explorar. O entusiasmo e orgulho que sentia pela sua equipe é evidente em alguns dos títulos dos poemas que produziu, como *Rumo ao Tetra Campeonato – Santa Cruz, honra e glória do futebol pernambucano*, mas, com o pragmatismo do poeta profissional, também escreveu sobre as façanhas de outros clubes. Num artigo de revista de 1978, Lenivaldo Aragão comenta como José Soares, para manter-se em dia com acontecimentos no mundo do futebol, lia três jornais diários, além de acompanhar os noticiários da televisão e do rádio[18]. Para produzir estes folhetos o mais rápido possível, e vendê-los enquanto era forte o interesse do público nos temas tratados, aproveitou todas as suas habilidades jornalísticas. Num estudo sobre José Soares, Joseph Luyten descreve como, antes do começo de um jogo sobre o qual tinha decidido escrever, o poeta muitas vezes já tinha prontos a capa do folheto e alguns versos introdutórios. Logo, escutava o comentário da partida no

[17] Joseph M. Luyten, *op. cit*, p. 108.
[18] Lenivaldo Aragão, "Literatura de cordel: O Sport na boca do povo", *Revista Placar*, 22 de setembro de 1978.

rádio e quase simultaneamente convertia a ação em poesia. Muitos destes folhetos foram impressos na Encadernografia Capibaribe que ficava em frente ao Estádio de Arruda onde joga o Santa Cruz. Ao final do jogo, só tinha que acrescentar o título da obra, geralmente fazendo referência ao resultado da partida. Devido a este processo, "Freqüentemente, ao sair do estádio, os torcedores já recebiam os folhetos contando o jogo a que acabavam de assistir"[19].

De vez em quando estes poemas sobre o futebol criavam polêmica, como era o caso de *Leão classificado*, escrito como resposta à decisão por parte do Sport, outro clube recifense, de não participar do campeonato estadual em 1978 devido a uma disputa com a Federação Pernambucana de Futebol. Criticando a ação do clube, José escreve:

> Tinha um torcedor dizendo:
> – Eu estou encabulado
> O Santa naquela altura
> E o Sport lascado.
> O Sport é a vergonha
> Do futebol do estado.

As últimas estrofes do folheto criticam o presidente do Clube, Jarbas Pires Guimarães, que respondeu acusando José Soares de ser "um dos arautos da Federação". Três advogados, amigos dele, ofereceram-se para defendê-lo e um pleito parecia ser possível, mas José, já acostumado, talvez, às contendas provocadas de vez em quando por um folheto de cordel, decidiu não levar o caso adiante.

[19] José M. Luyten, *op. cit*, p. 109.

Como é de se esperar, a sorte da seleção nacional e os seus craques também proviam tema importante para José, que produziu poemas como *A despedida de Pelé*, *Nunes: o homem de um milhão de dólares* e *Brasil campeão do mundo 1970 — agora a taça é nossa*. Este último, sobre o histórico tricampeonato mundial obtido pelo Brasil no México, vendeu trinta mil exemplares. De maneira típica, José escreveu muitos dos versos dois dias antes do jogo decisivo contra a Itália, e rapidamente terminou o poema depois da vitória com algumas estrofes apropiadas. Entre as sextilhas celebrando o êxito, incluía algumas que louvam, numa forma original e brincalhona, o talento dos jogadores, como vemos nesta estrofe que gaba a habilidade única de Pelé:

> Todos querem ser Pelé
> Nenhum deles é Pelé
> São uns Pelés aleijados
> Pelé que só tem um pé
> Ou é Pelé sem acento
> Ou Pelé faltando o é.

Combinando o seu entusiasmo pelo jogo e sua destreza poética, José sabia como captar o interesse da torcida, e durante muitos anos o futebol foi um tema lucrativo para ele.

O legado do poeta

Em algumas das entrevistas que deu, José Soares expressou a satisfação de ter dois dos filhos dando continuação ao seu trabalho criativo. Jerônimo e Marcelo Soares, que muito jovens começaram produzindo xilogravuras para ilustrar as capas de folhetos do pai, são hoje reconhecidos, dentro do Brasil e fora, como gravadores populares de grande talento. Agora Marcelo também escreve e imprime folhetos, alguns dos quais, descrevendo e comentando de forma animada acontecimentos nacionais ou internacionais, lembram a poesia do pai.

Muitos estudiosos realçam o caráter efêmero dos folhetos jornalísticos. Produzidos em resposta a eventos históricos, esses folhetos não têm a atração durável dos romances ou dos poemas sobre temas tradicionais ou universais. É uma afirmação correta, sem dúvida, mas muitos folhetos noticiosos têm se conservado, muitas vezes reproduzidos em livros, formando, nas palavras de Mark Curran, uma história não-oficial do Brasil, uma "...crônica poética e história popular do século XX"[20]. A poesia de José Soares, oferecendo uma visão particular de tantos eventos significativos dos anos 1960 e 1970, constitui uma das contribuições mais importantes a esta história alternativa. É por isso que tantas antologias da literatura de cordel que têm sido publicadas com poemas dele, e que muitos estudos sobre a poesia popular brasileira fazem referência ao seu papel extraordinário como comunicador popular. A sua atuação como poeta-repórter demonstra quão eficaz pode ser o folheto como forma da *folkcomunicação*, como definida por Beltrão, e a sua poesia, ainda hoje, diverte, informa e nos faz refletir.

---

[20] Mark Curran, *História do Brasil em cordel*, p. 24

Bibliografia

ALMEIDA, Átila Augusto F. de, e SOBRINHO, José Alves. *Dicionário bio-bibliográfico de repentistas e poetas de bancada.* João Pessoa, Editora Universitária, 1978.

BELTRÃO, Luiz. *Folkcomunicão: a comunicão dos marginalizados.* São Paulo, Cortez, 1980.

BENJAMIM, Roberto Câmara. "Folhetos populares: intermediários no processo da comunicação", *Revista Comunicação e Artes* 1, São Paulo, 1970.

BRANDÃO, Adelino. *Crime e castigo no cordel.* Rio de Janeiro, Presença, 1991.

CURRAN, Mark. *História do Brasil em cordel.* São Paulo, Edusp, 2001.

LESSA, Orígenes. *A voz dos poetas.* Rio de Janeiro, Casa de Rui Barbosa, 1984.

LUYTEN, Joseph. *A notícia na literatura de cordel.* São Paulo, Estação Liberdade, 1992.

ROWLAND, Robert. "Cantadores del Nordeste brasileño: estructura y cambio social en el nordeste del Brasil", *Aportes* 3, Paris, janeiro, 1967.

SOUSA, Liêdo Maranhão de. *Classificação popular da literatura de cordel.* Petrópolis, Vozes, 1976.

SUASSUNA, Ariano. "Entrevista do mês", *Revista Caros Amigos*, ed. 75, junho 2003, Casa Amarela, São Paulo.

JOSÉ SOARES (Poeta Reporter)

ACABOU A GASOLINA?
ou a GASOLINA ACABOU?

Acabou a gasolina? Ou a gasolina acabou?

Hoje em dia o motorista
Não toca mais na buzina
Não liga mais bateria
Só viaja na surdina
Só roda oitenta por hora
Pra não gastar gasolina

Tem mais um silencioso
Ligado à caixa de marcha
O combustível que usa
É água, ou óleo com graxa
Desliga as extremidades
E coloca uma borracha

Eu só vejo motoristas
O assunto comentando
Se fizer uma viagem
Volta mas não sabe quando
Quando vai é dirigindo
Quando volta é empurrando

2

Se dirigir na cidade
Bota uma conga no pé
O trânsito é interrompido
Nem de frente nem de ré
Proprietário de táxi
Não arranja pro café

Me disse um barão riquíssimo
Que mora em Boa Viagem
Comprou um carro do ano
Nunca tirou da garagem
Porque não tem gasolina
Empurrar não é vantagem

Motorista do estado
Tem seu feijão e arroz
Mas o pobre motorista
Que é da bandeira dois
Tem que enfrentar assaltante
Embora sofra depois

Se o carro é particular
Brasília, opala ou fuscão
Paga estacionamento
E fica sujeito a ladrão
Além de toda despesa
Tem a depreciação

3

Quem mora em Camaragibe
Beberibe ou Cavaleiro
Deixe seu carro guardado
Economize dinheiro
E venha contando os postes
Que chega muito primeiro

O estrangeiro conosco
Só quer fazer monopólio
Eles lá tem gasolina
Nós aqui temos petróleo
Para afogar todo mundo
Essência, perfume e óleo

Do dia quatorze em diante
Vai vigorar o decreto
Segundo a boca pequena
Eu achei muito correto
E penso que agradou
Ao brasileiro direto

Gastar pouca gasolina
Do presidente é a meta
Eu conheço um camarada
Que comprou uma cheveta
Mas não tinha gasolina
Trocou numa bicicleta

4

Deu um chevete novinho
Que foi trinta mil cruzeiro
Numa bicicleta usada
De um cara de Limoeiro
E ficou tão satisfeito
Que ainda voltou dinheiro

Quem tem um carro de praça
Vive pior de que eu
Gasolina quem ver morre
Óleo desapareceu
Ele esquentou a cabeça
Pegou o carro e me deu

Conheci um motorista
Chamada Manoel de Barro
Que deixou crescer a barba
Anda pedindo cigarro
Pra pagar o aluguel
Agora empenhou o carro

Ouvi dizer que um velho
Que mora em Jaboatão
Possui uma variant
Um volks e um caminhão
Pegou tudo de uma vez
Trocou num carro de mão

5

Antes um chofer de praça
Gozava uma vida boa
Além da mulher que tinha
Tinha mais uma coroa
Levava a vida sorrindo
Como rico ri à toa

Custa cinco vírgula dez
Um litro de gasolina
Do mercado são José
Em viagem de rotina
Rodando devagarinho
Só dá pra chegar no Pina

Me disse o barão BACCARO
De lá da rua São Bento
Que tinha uma kombi nova
Pra fazer movimento
Acabou-se a gasolina
Ele trocou num jumento

Os postos fecham na sexta
Só abrem segunda-feira
Sua cota é cinco litros
Pra rodar semana inteira
Se você morar no morro
Fica no pé da ladeira

6

Hoje tudo é transportado
Daqui para Teresina
Daqui para o Amazonas
De São Paulo a Argentina
Como se faz essa transa
Sem arranjar gasolina?

O problema é insolúvel
A dureza de lascar
A problemática crescendo
Sem a solução chegar
O cachimbo está caindo
Sem o nego cochilar

Mas a nação brasileira
Vive almejando melhora
Porque quem tem um governo
Como o Brasil tem agora
Botando o país pra frente
A sua Nação não chora

É certo que a gasolina
Atrasa nosso serviço
Mas nosso país é rico
Não vou criar medo disso
A nossa renda per capita
Dá pra cobrir tudo isso

7

O nosso povo está certo
Em querer forçar a barra
Um país que vai pra frente
Não recua nem esbarra
Nossa jornada está próxima
Temos que chegar na marra

A carestia de hoje
Já é coisa de rotina
Olhando para o presente
Não avistamos ruína
Por isso não temos medo
Da falta de gasolina

Nossos comandantes são
Homens que não temem a morte
Como falaram ministros
Da Justiça e do Transporte
Isso deixou exultante
Essa nação brava e forte

A espinha que mais fere
A garganta da nação
É que o custo de vida
Aliou-se a inflação
Todos dois são criminosos
Passíveis de punição

8

O pobre é tão conformado
Mas o rico acha ruim
Pobre vai de todo jeito
Com ele não tem pantim
Não arranjando a passagem
Viaja em caboco-lim

Confio no presidente
E em sua diretriz
Seu espírito humanitário
Na mente do povo diz
Que breve tem gasolina
Feita no nosso país

Mas o presidente Geisel
Homem de idéias mil
Nasceu para comandar
Esse país varonil
Vai acabar a ruína
E vamos ter gasolina
Fabricada no Brasil

Meu povo fique tranqüilo
Não precisa desespero
Pode ficar descansado
Que esse país brasileiro
Breve vai ter gasolina
Que afoga o estrangeiro

Autor: José Soares

O Fenômeno dos Fenômenos

O Rio de São Francisco
— Secando —

Cr$ 0,50

O fenômeno dos fenômenos
O rio São Francisco secando

Deus palavra Sacrossanta
Dos dons espirituais
Reflexo de Luz Divina
Que ilumina os mortais
Bálsamo sagrado dos anjos
Relíquia de amor e paz

Diz um antigo provérbio:
Fazer carinho é meiguice
Pensar na morte é besteira
Juntar dinheiro é tolice
Cara feia é safadeza
Comer muito é cavalice

O mundo já deu um tombo
No outro tombo ele cai
E só presta se acabando
Porque do jeito que vai
Casa-se irmã com irmão
Se amiga filha com pai

2

Nesse planeta terráqueo
Acontece o impossível
O imprevisto vislumbra
Não há nada imprevisível
Pros seres globiterráqueos
Tudo no mundo é possível

Um homem já deu à luz
Perto de Minas Gerais
Um ateu de nascimento
Se amigou com Satanás
Uma moça casou com outra
No Estado de Goiás

Aqui nasceu um menino
Com o calcanhar pra frente
A metade de cachorro
Outra metade de gente
A boca feita um triângulo
Com três carreiras de dente

Em Patos de Espinhara
Vi um cavalo barbado
Nasceu aqui no Recife
Um chipófago emendado
Um poliglota me disse
Que um morto tinha falado

3

No Estado da Guanabara
Uma moça deu à luz
Vi nas costas d'um caranguejo
O Coração de Jesus
Quando analiso essas coisas
Eu faço o sinal da Cruz

Na América uma cientista
Fez uma roda quadrada
Coisa que estava prevista
Na Escritura Sagrada
No Mensageiro da Fé
E Missão Abreviada

Em Miami uma senhora
Estava de gravidez
Deu à luz uma criança
Só de venta tinha três
E o Rio de São Francisco
Está secando de vez

Dizem que o rio está
Obstruído com cisco
E quem vive de vazante
Nas margens do São Francisco
Pode não perder de tudo
Mas está correndo o risco

4

Se o São Francisco secar
Acaba com Paulo Afonso
As águas da cachoeira
Que caem num grande responso
Da usina hidroelétrica
Vão ficar num desengonso

Nos seis estados do Norte
Há um colapso total
Porque quem vive da pesca
Ou transporte fluvial
Fica sem via de acesso
Para o carvão vegetal

Moxotó e Sobradinho
Precisa de irrigação
Afim de salvaguardar
Toda aquela região
O prefeito Tanuri
Quem deu essa opinião

O mesmo prefeito diz
Que a solução é dragar
Fazer reflorestamento
E depois canalizar
É o meio a ser usado
Evitando o rio secar

5

As comissões de estudos
Gravaram no pergaminho
Que tinham que construir
A barragem de Sobradinho
E foram embora depois
Deixando o plano em caminho

Casa Nova, na Bahia,
Também possui uma usina
A quarenta e oito quilômetros
Da cidade Petrolina
Se o São Francisco secar
Ela também se arruína

E os técnicos da Sudene
Que foram em comissão
Fizeram o levantamento
Da triste situação
Entretanto não chegaram
A nenhuma conclusão

Se o São Francisco secar
Falta luz em Três Marias
Ceará e Alagoas
Em Sergipe e na Bahia
Até o novo Recife
Vai ficar sem energia

6

Os produtores agrícolas
E pequenos industriais
Sofrem idênticas conseqüências
Sem transportes fluviais
Conservando, armazenado
Estoques de cereais

Existe ao longo do rio
Grandes bancos de areia
Muitas pedras salientes
Resíduos da grande cheia
Sem contar com os atritos
Que com as águas baldeiam

Senador Wilson Campos
Fez um pronunciamento
No Senado Federal
De todo levantamento
Achando que as barragens
São pedras de salvamento

Outros dizem que o mal
É uma tuberculose
Incurável apodrecida
Como uma metamorfose
Só tem remédio no céu
E Deus não manda uma dose

7

A situação periga
De Colégio a Propriá
Porque o rio secando
Nada vai daqui pra lá
Não tendo via de acesso
Nada vem de lá pra cá

Acaba-se o movimento
Na cidade de Penedo
Neópolis e Vila Nova
E o povo vive com medo
Se não houver providência
Não vai melhorar tão cedo

O Governo Federal
Teve boas intenções
Liberou para Suvale
Os vinte e quatro milhões
Que pelas cifras antigas
Dá vinte e quatro bilhões

A verba também atinge
O serviço de drenagem
Balisamento de postes
Para evitar derrocagem
E se possível fazer
Uma estação de sondagem

8

Pára todo movimento
Da cidade e da usina
Porque se o rio secar
Não movimenta a turbina
O prejuízo é enorme
Acaba com Petrolina

Desde a Serra da Canastra
Que só se ouve uma voz
Que o rio está secando
Da nascente até a foz
E se isso acontecer
Também piora pra nós

Ó santo Deus incriado
Não deixa esse rio secar
Do teu poder sacrossanto
Não posso recaucitrar
Nem dá tua onisciência
Não devo mesclatizar

Se o São Francisco secar
O fim do mundo chegou
A nação de mão erguida
Receba o que Deus mandou
E também se for mentira
Soares foi quem contou

José Soares
O POETA-REPÓRTER
(Proprietário: Espólio do autor)

O CEGO NO CINEMA

XILOGRAVURA DE MARCELO SOARES

Folhetaria Cordel

1973

O cego no cinema

Um mudo disse a um mouco
Que lembra quando nasceu
O mouco disse também
Que um aleijado correu
O cego disse que viu
Quando um defunto morreu

O mudo, o cego e o mouco,
Cada um com seu problema.
Os três então se uniram
Pra resolver o dilema.
E depois se encaminharam
A uma sessão de cinema

Foram ao cinema Glória
Que não fica muito além,
E quando chegou a vez
Do cego pagar também,
Ele disse: – Eu vou pagar
Com uma nota de cem!

2

Quando a moça demorou
Para trocar o dinheiro,
O cego abriu o bocão
E disse pro companheiro:
– Uma velha parideira
Pári muito mais ligeiro!

Pareciam três babacas
O cego, mudo e o mouco,
Três figuras impolutas
Dois otários e um baiôco.
Ouvindo a conversa deles
Eu me ri que fiquei rouco

O cego entrou no cinema
Com uma varinha na mão.
Tentou sentar na poltrona,
Arreganhou-se no chão.
Ficou ali esperando
A hora da projeção

O filme, naquele dia,
Era impróprio pra dezoito.
O cego todo metido
Numa jaqueta V-8,
Além de ser malcriado,
Ainda era um cego afoito

3

Quando começou o filme,
Ia tudo muito bem.
Mas, um trovão de risada,
Partindo não sei de quem,
Fez o povo dar risada,
E o cego sorrir também

Vendo a platéia sorrindo,
O cego gritava à toa.
Na cadeira, junto ao cego,
Sentou-se uma mulher boa.
O cego disse: — Gostosa!
Eu adoro uma coroa!

Já na metade do filme,
O cego se levantou,
Procurou uma parede,
Mas a mão escorregou
E alcançou um lugar
Que a coroa não gostou.

A coroa levantou-se
E disse: — Você tá cego?
Ele disse: — Não, senhora,
Às vezes eu escorrego.
A madame me desculpe,
De outra vez eu não pego!

4

A coroa, revoltada,
Foi se sentar lá na frente,
Mas um sujeito tarado
Gritou logo: — Passa o pente!
Essa coroa arrochada
Nem parece que é crente!

Aí, cutucaram o cego,
E ele se aborreceu.
E disse: — Quem quer a feira?
Na tua mãe mando eu.
Eu já deixei uma dona
Porque cutucava eu!

No filme, o mocinho disse:
— O bandido desmaiou!
O cego, em cima da bucha,
Gritou bem alto: — Matou!
Que o cego não era cego
Todo mundo acreditou.

Antes do filme acabar,
O mouco gritava: — Ei!
Gostasse muito do filme?
O cego disse: — Gostei
A emoção foi tão grande
Que eu quase me borrei!

5

– Gosto de filme de pau
Para me rir com a luta.
Mas, sem querer abracei
Uma nêga feia e bruta,
Que me chamou de ceguinho
Comedor de araruta…

…E eu nunca perco um filme
Quando me dizem que é bom.
Lá, eu entro até usando
Uma sandália Verlon,
Seja no Art-Palácio,
São Luiz ou Trianon…

– Assisto briga de galo,
Jogo dama e dominó,
Vejo corrida no prado,
Depois vou dançar forró.
Jogo também de goleiro,
Mas pego uma bola só…

– O Sport, quando joga,
Eu vou pra ver Odilon.
Fui ver o treino do Náutico,
Não tinha jogador bom.
Quando o Santa joga, eu vou
Ver o pique de Ramon!

6

– Fui a uma gafieira
Apreciar um embalo.
Depois, fui em Ouro Preto
Ver uma briga de galo,
E nunca achei atrevido
Que pisasse no meu calo!

– Eu tenho uma namorada,
Só vocês vendo a paixão.
É bonita e carinhosa,
Só me chama tremendão.
Quando me encontro com ela,
É muita chumbregação!

– Quando não estou disposto,
Ela me chama de mole.
Parada, é um mexe-mexe,
Quando anda, um bole-bole.
Se eu reclamo, ela diz
Que eu sou miado de fole!

– No dia que quer transar,
Segura na minha mão
E diz: – Meu ceguinho lindo,
Tô sentindo um comichão.
Se deite aqui do meu lado,
Vem meu cavalão do cão!

7

— Eu vivo triste porquê
Só fiquei sabendo agora
Que ela tem um defeito:
Fuma como uma caipora,
E é tão mal feita de corpo,
Que parece uma albacora...

Também meu amigo-urso
Disse que ouviu falar,
Que ela disse a um doido
Que não queria casar,
E que eu, além de cego,
Não sabia namorar...

— Ela só gosta de homem
Que é desplanaviado.
Não liga que seja cego,
Mudo, surdo ou aleijado.
Tá certo que eu sou um cego,
Mas não sou cego safado!

— Disseram também que ela
Está carregando um bucho
De não sei quem, mas criar
Filhos de outro é luxo.
Do jeito que a coisa vai,
Não agüento esse repuxo!

8

— Outro dia, viram ela
No Beco da Malandragem,
Junto com uma baranga
Que gosta de fuleiragem,
E o ceguinho não pode
Carregar essa bobagem.

Os que contaram a estória,
Garantem que não mentiram.
Dois aleijados dançaram,
E dois pobres cegos viram
Os dois mudos que cantaram
E os dois moucos que ouviram.

JOSÉ SOARES
(O poeta repórter)

O FUTEBOL

Xilogravura de Marcelo Soares

FOLHETARIA CORDEL

1974

O futebol no inferno

No futebol do inferno
Está grande a confusão.
Vai haver melhor-de-três
Pra ver quem é campeão,
Se o time de Satanás
Ou o Clube de Lampião

Lampião ganhou um turno,
Satanás, outro também.
No domingo que passou
Empataram no 100 a 100.
E a grande decisão
Vai ser domingo que vem

Nas profundezas do inferno,
Aonde se vê um nó
De três milhões de diabos,
A conversa é uma só:
Os torcedores falando
Assunto de futebol

2

A torcida do Inferno
Diz que o jogo está perdido,
Porque Lúcifer não joga,
Pois se encontra contundido,
E o supervisor Concriz
Anda muito aborrecido

O jogo ia ser no sábado,
Porém Lampião não quis.
Além disso ele só faz
O que lhe vem no nariz.
E por isso o pau cantou
Na escolha do juiz

Porque Satanás queria
Que o juiz fosse Cancão,
E essa escolha também
Não agradou Lampião,
Que ficou mais irritado
Do que cavalo do cão

A CIF lá do Inferno
Quis suspender o torneio,
Porém, a Rádio Profundas
Opinou para um sorteio.
E dizem que, na Loteca,
Vai dar coluna do meio

3

Quando fizeram o sorteio
Do juiz, deu Birimbau.
Lampião disse pra ele
— Eu toda vida fui mal.
Apite o jogo direito,
Se não quiser levar pau!

Depois, a Rádio Profundas,
Por ordem de Capataz,
Anunciava, através
Do locutor Barrabás,
A escalação completa
Do time de Satanás

O goleiro do Inferno
Se chama Dr. Buçu
O beque-central, Peitica
O volante, Papangu.
Pra ser o quarto zagueiro
Estão procurando Tu

O tripé de meio-campo
Tem o diabo Rabichola.
O meia-direita é Bimba,
O meia-esquerda é Frajola.
O centro-avante é Cão Coxo
Que é coxo mas joga bola

4

Eis a escalação correta
Do time de Lampião:
Corisco, Chapéu de Couro,
Maritaca e Capitão,
Sucuri, Bicho do Mato,
Louro Branco e Tira-a-Mão

O campo, lá no Inferno,
Tem muita descompostura:
Mil metros de comprimento,
Por quinhentos de largura.
As traves de oitenta metros,
Por setenta de altura

No time de Satanás
Só jogo quem tiver marra.
Quando o juiz marca pênalti,
O goleiro sai da barra.
Ele mesmo chuta a bola,
Corre pro gol e agarra

O juiz apita nu,
Com a mão no bolso furado.
São dezoito jogadores:
Nove para cada lado,
E todo diabo, lá
Assiste o jogo deitado

5

O campo tem quatro barras,
Mas só jogam dois goleiros.
No ataque, jogam cinco,
Na defesa, dois zagueiros,
E lá, as arquibancadas,
Eles chamam de poleiro

Por jogarem com dez bolas,
Deixam a defesa indecisa,
E se um diabo segurar
O outro pela camisa,
Recebe o cartão vermelho
E depois leva uma pisa

E tem mais outro detalhe:
No time de Lampião
O jogador usa chuteira,
Porém não usa meião.
E se fizer gol de cabeça
O juiz apita mão

Toda vez que sai um gol,
Não botam a bola pro meio.
Lá não tem tiro de meta,
Dois toques, nem escanteio,
E o intervalo do jogo
Eles chamam de recreio

6

São dez juízes reservas
Que ficam de prontidão.
Os trajes são diferentes,
Pra não haver confusão.
Joga um time, sem camisa,
E o outro, sem calção

Lampião só joga bruto,
Bem na base do chinelo.
Domingo, ele disputou
Uma bola com Pinguelo,
Fez a falta, e Berimbau
Lhe deu cartão amarelo

A torcida gritou: — Pênalti?
Começou a sacanagem.
Lampião olhou pro árbitro
Com a cara de selvagem,
E Berimbau não deu pênalti
Porque não teve coragem

O time de Lampião
Só ganha jogo na marra.
A equipe que perder,
É quem vai fazer a farra,
E o cartolas assistem
O jogo em cima da barra

7

A bola pesa dez quilos
E é de aço maciço.
Se o jogador for expulso,
Leva um cacete roliço.
E quando o jogo acabar.
Toma um bom chá de sumiço

Quem torce por Lampião,
Entra no campo, de graça,
Mas, pra passar na roleta,
Precisa ter muita raça,
E lá dentro ainda ganha
Um picolé de cachaça

Lá, não existe barreira,
Nem sequer tiro esquinado.
O quarto-zagueiro, lá
Se chama beque-sentado,
E quem tocar no juiz
É expulso do gramado

Se o juiz marcar pênalti
Na barra de Lampião,
Ele manda os cangaceiros
Armarem uma confusão,
E ainda vai bater
Pênalti na barra do cão

8

São quarenta mil soldados
Armados de mosquetão.
O juiz apita o jogo
Com uma granada na mão,
Pra sacudir no primeiro
Que fizer reclamação

Lampião, quando se zanga,
Dá até no delegado.
O jogo dura três dias,
E se o juiz tá cansado,
Corre pro túnel e dá
O jogo por encerrado

Querem adiar o jogo
Para o dia do juízo,
Porquê, quando chove muito,
O jogo dá prejuízo.
Pensam até em transferir
O jogo pro Paraíso.

Autor: José Soares (Poeta Reporter)

Anistia Ampla e a Volta de Arraes

Preço Cr$ 5,00

Anistia ampla e a volta de Arraes

Câmara, Congresso e Governo
Numa atitude bendita
Deram anistia aos políticos
Ampla, mas não irrestrita,
Os políticos receberam
Como alegria inaudita.

Um filho despatriado
Sente saudade dos pais,
Eu estou me referindo
Ao dr. Miguel Arraes,
Vivia bem, mas faltava
As carícias maternais.

Arraes vivia sonhando
Com sua pátria natal,
Seu Brasil verde e amarelo,
Seu berço, seu natural
Terra santa abençoada
Por Pedro Alvares Cabral.

A rádio fez uma enquete,
Pesquisou todo o Brasil,
Todos queriam a anistia
Do militar ao civil,
Um por um e dez por dez,
Cem por cem e mil por mil.

2

A dezesseis de setembro
Arraes estará no norte,
Morando numa vivenda
Com os filhos e a consorte,
Já que foi mesclatizado
Por um bafejo da sorte.

Alugou uma vivenda,
Por quarenta mil cruzeiro,
Por aí vê-se o prestígio
Deste grande brasileiro,
Que de Argel, na Argélia
Chegou com muito dinheiro

Essa vivenda contém
Quatro mil metros quadrado,
Terreno que eu desejava
Para plantar um roçado,
Vender produtos granjeiros
E viver bem sossegado.

A casa tem quatro salas,
Copa, terraço e piscina,
Um jardim arborizado
Rodeado de bonina,
Parece um jardim botânico
Do reino da Palestina.

3
Tem uma biblioteca
Banheiro, dois pavimentos
Despensa, alpendre e cozinha,
Do segundo apartamento
Exala um cheiro aromático
Trazido às asas do vento

Na pesquisa do Ibope
Se ouvia uma só voz:
Pedindo anistia ampla
Poucos contra e muitos prós
Para defender os filhos
De um Brasil feito por nós.

Brasil, presidente e povo
Mancebos da santa paz
Exaltam as autoridades
Das câmaras e tribunais
Desejando boas vindas
Ao senhor Miguel Arraes.

A dezesseis de setembro
Chegará no Galeão
Às sete horas, e às oito
Embarca noutro avião
Que Pernambuco lhe espera
Com grande recepção

4

No dia dez de setembro
Conforme normas traçadas
A avenida Imbiribeira
Estará toda engalanada
E o povo impaciente
Espera a sua chegada

A cúpula emedebista
Estará toda presente
A Oposição em peso
Inclusive o presidente
Festejando o reencontro
Do homem com sua gente.

Terá um carro volante
Distribuindo cartaz
Folhetinhos de cordéis
Boletim e tudo mais
Tudo como ressonância
Em homenagem a Arraes.

Já que nosso presidente
Lhe deu este lenitivo,
O povo todo quer ver
Miguel Arraes ao vivo
Na eminência de vê-lo,
Em alto cargo eletivo.

5

Senador Paulo Brossard,
Também vem participar,
Da grande recepção
Que a Oposição vai dar,
Ao grande governador
Miguel Arraes de Alencar.

Jarbas Vasconcelos
Preparou um comitê,
A fim de dar cobertura
Àquele que quiser ver,
O pluripartidarismo
Que cerca o MDB.

A senhora Violata
Irmã de Miguel Arraes,
Chegou também de Paris
Não quis falar de seus pais,
Disse que veio visitar
Parentes e nada mais.

O senado e o congresso
Toda sua diretriz,
Votou em favor daquilo
Que precisa seu país,
Nota-se nas feições do povo
Um ar de gente feliz.

6

Foi dada anistia ampla,
Para todos confinados,
Que fazia quinze anos
Que foram despatriados.
Graças à democracia
Agora estão liberados.

Seu filho, Carlos Augusto
Num gesto de simpatia,
Preparou um coquetel
Como seu pai merecia,
A maior concentração
Que Pernambuco procria.

Graças à santa anistia,
Arraes conosco de novo,
Recebendo dos adeptos
Parabéns, aplauso e louvo,
Entrando de corpo e alma
Para o partido do povo.

O presidente do partido,
Senhor Ulisses Guimarães,
É força que se levanta
Ao sol de todas manhãs,
Numa cúpula partidária
De uma legião de fãs.

7

Dr. Jarbas e Marcos Freire
Calcularam em trinta mil
O povo que Santo Amaro
Vai receber de perfil
Para reaver um líder
Que volta para o Brasil.

Presidente Figueiredo
Teve um só objetivo;
Deu anistia aos políticos
Em nada foi vingativo
Pois filhos da liberdade
Não poderão ser cativos.

Sabemos que Figueiredo,
Alma santa, pura e boa,
Quando levantava a voz
No monte o eco ressoa,
E pega até no fuzil
Se ver o Brasil à toa.

O soldado desordeiro

O Diário de Pernambuco
Acaba de publicar
Um crime cheio de requintes
Que me fez repugnar
Praticado por um soldado
Da polícia militar

Aconteceu em Garanhuns
Isso domingo passado
Um soldado chamado Paulo
Entrou dentro do mercado
Com um revólver na mão
Se fazendo embriagado

Bolindo com as mulheres
De uma maneira abusante
Além de fazer desordem
Dava tiro a todo instante
Até que um dos projéteis
Foi atingir um marchante

2

O marchante foi Amaro
Homem de benemerência
Um pobre que sempre lutou
Por sua subsistência
Que para levar a vida
Trabalha com paciência

O povo de Garanhuns
Que conhecia o soldado
Disseram que fazer isso
Ele era acostumado
E como era polícia
Ficava tudo calado

Para mim um homem desse
Não tem qualificação
No mínimo devia ser
Expulso do batalhão
É um Don Juan verdadeiro
Sem honra e sem coração

3

Sabemos que Deus não dorme
A providência não tarda
Tudo que se faz aqui
No seu caderno ele guarda
Esse soldado merece
Amanhã perder a farda

Um homem da sua estirpe
Não tem um adjetivo
E a polícia rechaça
Um elemento abusivo
Que para sociedade
É um sujeito nocivo

Houve grande rebuliço
Logo após o atentado
A família de Amaro
E o povo revoltado
Dizia: Esse miserável
Devia ser fuzilado

4

A periculosidade
Do homem bate o recorde
Veja que um policial
É para manter a ordem
Para garantir o povo
Não para fazer desordem

Dizem que esse soldado
Age com muita malícia
Pelo que fez no mercado
Prova que usa sevícia
Um homem desse não pode
Usar farda da polícia

Prova que é um maníaco
De muita perversidade
É um Nero a toda prova
O pai da barbaridade
Talvez quem sabe precise
Exame de sanidade

5
É um Nero ou um herege
Um homem sem coração
A imbecilidade
A ele toma benção
Talvez seja excomungado
Do padre Cícero Romão

Na terça-feira bem cedo
Li no jornal a notícia
Pensei que fosse um soldado
De uma zona meritrícia
Policial malfazejo
Que dá trabalho à polícia

Amaro, pai de família
Que escapou por um triz
Falou que esse soldado
É um sujeito infeliz
Tinha jurado a bandeira
Para trair o país

6

Para evitar que aconteça
Massacre e indisciplina
Que aqui em Garanhuns
Já tornou-se uma rotina
Precisa o povo votar em
Ivan Rodrigues e Cristina

Cristina como se sabe
Para a Câmara Federal
Ivan fica na Assembléia
Deputado Estadual
Com Marcos Freire e Jarbas
Acabam com esse mal

O crime teve requintes
De crime passional
Amaro caiu de bruços
Em decúbito dorsal
Está às portas da morte
No leito do hospital

7

Só assim esse soldado
Amanhã vai padecer
O que ele fez com Amaro
Pode fazer com você
Para evitar tudo isso
Vote no MDB

Para que o povo tenha
Felicidade nos lares
Não somente em Garanhuns
Como em diversos lugares
No dia das eleições
Vote em Cristina Tavares

José Soares
O POETA-REPÓRTER
(Proprietário: Espólio do autor)

FIM-DE-SEMANA
em
CASA de POBRE

XILOGRAVURA DE MARCELO SOARES

FOLHETARIA CORDEL
1973

Fim de semana em casa de pobre

"Pobre vive de teimoso"
É um ditado que diz
Se eu pegasse pé-de-pobre
Cortava pela raiz
Deus não mandou plantar pobre
Pobre nasceu porque quis!

Eu sei que o pobre tem
O direito de viver
Assim como o rico tem
O desgosto de morrer
Mas se eu morresse agora
Não queria mais nascer!

O pobre só tem direito
À respiração e só
Qualquer aperto, ele diz
— Me botaram um catimbó!
Vai consultar Pai Edu
Evocar Zé Arigó!

Quem me pedir um exemplo
Se for possível eu explico:
Por que catimbó não pega
Na polícia nem no rico?
E esperando resposta
Pra essa pergunta fico!

Porque o pobre é um barco
Navegando em água rasa
E pobreza franciscana
É coisa que só atrasa
E minha necessidade
Começa logo de casa!

Primeiro vou dizer como
Passo durante a semana:
De manhã café com língua
Meio-dia uma banana
À tarde um café pequeno
À noite um caldo de cana!

Minha mulher foi à feira
Comprou logo um caranguejo
Duzentos gramas de charque
Cinqüenta gramas de queijo
E um ovo de codorna
Mode matar o desejo!

Não tem carvão e agora?
O candeeiro apagou
Não tem um tico de sal
O açúcar se acabou
Não tem comida pro gato
E a manteiga azedou!

A mulher disse sorrindo:
— Vou inventar um esquema
Pediu um ovo emprestado
Pra resolver o problema
Fritou a clara pros filhos
E ainda sobrou a gema!

Para cozinhar o ovo
Foi à casa da vizinha
Porque lá em nossa casa
Uma panela não tinha
Comeram o ovo e o sal
E o pirão sem farinha!

Eu tenho um filho tão magro
Que quase não pesa um quilo
Ontem mesmo assaram carne
Na casa de seu Murilo
Meus filhos sentiram o cheiro
Dormiram tudo tranqüilo!

Ela disse: — Meu velhote
É carestia demais
Nem pra passar oito dias
Esta compra não dá mais
E quando eu saí de casa
Já tinha acabado o gás!

O jabá que ela comprou
Nem o porco quer de graça
Era carne de cavalo:
Apaga o fogo e não assa
Se vai pro fogão de lenha
Nunguém agüenta a fumaça!

Pensou que a macaxeira
Fosse macaxeira rosa
Era dura igual a vela
Além de tudo amargosa
Minha sogra disse logo:
— Isso é erva venenosa!

Do jeito que a vida está
O pobre não pode mais
Na carestia sem freio
Bom tempo ficou pra trás
O ano 74
Chegou com gosto de gás!

Domingo, acabou metade
Das compras que a mulher fez
Logo na segunda-feira
Findou-se tudo de vez
E foi-se embora o dinheiro
Que eu ganheu em um mês!

Não tem água na torneira
Ferrugem entupiu o cano
A vassoura não tem cabo
O sopro virou abano
Não se coou mais café
Porque se furou o pano!

Uma vizinha levou
O caldeirão emprestado
Foi derreter chumbo nele
Quando trouxe foi furado
Acenderam o fogareiro
Foi brasa pra todo lado!

Um filho pedindo pão
O outro pedindo papa
Não tinha um grão de açúcar
Que fizesse uma garapa
O pobre dessa maneira
Desaparece do mapa!

Só vai à feira no fim
Porque tudo é mais barato
Compra macaxeira velha
Batata e cará-do-mato
Um jerimum amargoso
Todo furado de rato!

Comprou um quilo de carne
Para fazer o almoço
Só veio o que não prestava
Era carne de pescoço
E o vendedor jurou
Que era carne sem osso!

Só comprou coisa ruim
Parece que foi capricho
Farinha velha, mofada
Feijão furado de bicho
Uma galinha gouguenta
Que só prestava pro lixo!

Comprou um quilo de açúcar
E meio de macarrão
Uma cuia de arroz
Meia barra de sabão
Inda faltou margarina
Cebola, cominho e pão!

A minha mulher com raiva
Estourou o mealheiro
E os meninos coitados
Não foram mais ao banheiro
Há muito tempo não sei
Qual é a cor do dinheiro!

Penso que pra todo mundo
A situação é ruim
Confesso que não estou
Tirando os outros por mim
E mesmo que os outros sofram
Espero não seja assim!

O dono da padaria
Aumenta o preço do pão
Os gêneros alimentícios
Recebem remarcação
E assim ninguém escapa
Das garras do tubarão!

Diz o governo: – Só pode
Aumentar 15 por cento
O tubarão desalmado
Se aproveita do momento
E a palavra do pobre
Agora é congelaumento!

Feijão agora é Doutor
Carne de boi é Rainha
Bacalhau agora é Rei
Vai subir Dona Farinha
Um ovo de granja custa
O preço de uma galinha!

Em casa minha mulher
Já está acostumada
Ajeita aqui e ali
E não reclama de nada
E nós já nos conformamos
Com a barriga apertada!

Como dzia a cantiga:
"É de pior a pior"
E lá em casa está na moda
A gente sabe de cor
Depois que "está ruim" chegou
A fome ficou maior!

José Soares
O POETA-REPÓRTER
(Proprietário: Espólio do autor)

O HOMEM NA LUA

Partida e chegada — NEIL ARMSTRONG

Folhetaria Cordel
1969

O homem na lua
Partida e chegada NEIL ARMSTRONG

Esse compêndio é um tópico
Das causas que estão em pautas
Porque a finalidade
É falar nos astronautas
Que regressaram da Lua
Com rótulos de cosmonautas

Foi o trio americano
Que primeiro teve a glória
De fazer daqui pra Lua
Uma via transitória
Que vai ficar para sempre
Na face "A" da história

O russo foi o primeiro
Que desejou ir à Lua
Porém foi sempre debalde
Naquela proeza sua
Porque parava nos vândalos
E caía no meio da rua

O Vietnam do Norte
Também criou a idéia
Fazendo uma tentativa
Mas falhou sua odisséia
Porque no primeiro teste
Caiu no mar da Coréia

Foi a nave Apolo 11
Em viajem rotatória
Que deixou daqui à Lua
Uma estrada transitória
E voltou do estranho cosmo
Trazendo o cetro da glória

Depois do tal avião
Que Santos Dumont inventou
Surgiu um tal Zepelim
Denominado Condor
E foi não foi aparece
Um tal Disco Voador

Agora o americano
Quer ir ao planeta Marte
E continuar nos vândalos
Rompendo de parte a parte
Isto sem sombra de medo
Temor, assombro ou enfarte

Num jornal de Pernambuco
Eu li numa reportagem
Que os heróis Astronautas
Que fizeram essa viagem
Exaltaram os seu feitos
Com destemor e coragem

Porque a Apolo 11
Pesa oito toneladas
Só levou três passageiros
Nas enfadonhas jornadas
Sem saber se tinha lá
Acolhidas e pousadas

Quando saltaram do módulo
Na estação espacial
Viram grande diferença
Do nosso mundo atual
E ficaram admirados
Com o mundo sideral

Os astronautas trajavam
Calça, culote e colete
Um guarda peito de aço
Desenhado um ramalhete
E todos tinham uma estrela
De prata no capacete

E levaram um telescópio
Do tempo da velha guerra
Com ele avistavam tudo
Da baixa ao cimo da serra
E viam perfeitamente
Nosso mundo aqui na terra

Isso foi um ultimato
Em forma de desafio
Numa órbita que não tinha
Vento, nem calor, nem frio
Sem ter ataque cardíaco
Nem menos um calafrio

Pois é grande a diferença
Deste planeta solar
Para os planetas astrais
Marte, Mercúrio e Lunar
Eu comparo a diferença
Como da terra pro mar

Já na primeira viagem
Forjada por GAGARIN
Num bicho feito um charuto
Parecendo um Zepelim
Dizia que era o mundo
Que estava chegando ao fim

Eu mesmo estava lembrando
Que Padre Cícero dizia:
"A ciência eleva o homem
Mas não dá autonomia.
Se faz o que Deus consente
O resto é hipocrisia!"

Lá não tem arma de fogo
Só há briga de porrete
O povo fazia fila
Para olhar nosso foguete
E mais: olhava São Jorge
Galopando em seu ginete

Lá não tem cabra enrolão
Corrupção ninguém gosta
Não tem bacalhau nem carne
Lá só tem peixe de posta
Acabou-se jogo de bicho
A ordem chegou de Costa

Neste planeta terráqueo
Em todo o globo terrestre
Pecador não tem direito
De ir à Mansão Celeste
Sem Jesus ter lhe chamado
Sem que ninguém lhe conteste

Lá não se canta Rojão
Xaxado, Xote, Ciranda
Quando o "cabra" se embebeda
Só canta Mamãe Luanda
Lá não existe governo
Porque São Jorge é quem manda

Às dezessete e dezoito
Do dia 20 de julho
A nave módulo pousava
Entre pedras e vasculho
Na superfície da Lua
Isso sem fazer barulho!

Lá na Lua tem buracos
Como o Recife de Gena
Foi aí que exclamou
O astronauta: — Que pena!
Por que vocês não atinam
Em chamar dr. Lucena!

Um astronauta pesava
Aqui cento e vinte quilos
Mas na balança da lua
Emagreceu como grilo
Porque só pesou dezoito
Mas conservou-se tranqüilo

Num dos jornais de São Paulo
Eu li uma reportagem
Dizendo que mil pessoas
Compraram já a passagem
Eu mesmo não tenho peito
De fazer essa viagem

Neil Armstrong entrou
Na Igreja de São Borge
Procurando uma relíquia
Pra trazer no seu alforge
De volta levou um coice
Do cavalo de São Jorge

De pedra e areia branca
Eles trouxeram uma tuia
Um freio de amansar mosquito
E um cabelo de cuia
Um chifre de cabra mocha
E uma dúzia de aleluia

Quando Armstrong desceu
São Jorge aí lhe chamou
Quando ele apresentou-se
Aí São Jorge falou:
— A Lua falta uma banda
Foi você quem carregou?

Em toda América do Norte
Há uma festa pomposa
Duas mil e duzentas moças
Com alegria ruidosa
Todas vestidas de azul
Com bolinhas cor-de-rosa

Eu mesmo só vou à Lua
Se for montado num jegue
A riqueza me persiga
E a fortuna me entregue
E o zumbi de uma porca
Dê-me um beijo e me carregue

Estão chegando com glória
Os três homens sem fracasso
Que vão ficar na história
Pela viagem ao espaço
E por descerem na lua
Sem encontrar embaraço.

José Soares (Poeta Reporter)

A Perna Cabeluda de Olinda

A perna cabeluda de Olinda

O povo de Pernambuco
Não esquecera-se ainda
De uma Perna Cabeluda
Que para mim foi bem vinda
Tem feito muitos distúrbios
Andou em todos subúrbios
Agora está em Olinda

Um motorista viu ela
Pertinho de Jatobá
Vamos rezar para a Perna
Não vir pro lado de cá
Eu sempre vou em Baccaro
Se vê-la vai custar caro
O que tem feito por lá

Conforme disse Carrero
Lá no jornal de domingo
Ela atacou uma turma
Que estava jogando bingo
Se eu encontrar a danada
Ou cabeluda ou pelada
De medo não tenho um pingo

2

Um cego disse que viu
Quando essa Perna passou
Lá na praia de Rio Doce
E seu coração parou
Mas ela pegou Romeu
O pobrezinho comeu
O pão que o diabo amassou

Ela pegou um repórter
Que vinha do Canecão
Só não digo o nome dele
Pra não fazer confusão
Passou nele uma pernada
O pobre errou a estrada
Que vinha pra redação

Chegando na redação
Sem poder falar ainda
Dizendo que viu a perna
Ou foi na ida ou na vinda
Disse ao redator: — Me acuda
Que a Perna Cabeluda
Ficou agora em Olinda!

4

Ela pegou uma moça
Que vinha descendo o morro
Deu rasteira, deu pesada
Como quem dá num cachorro
Agiu com muita frieza
A pobre moça indefesa
Parou no pronto-socorro

Ela pegou Zé Soares
Com ele fez um revel
Tirou a camisa dele
Deu mais um banho de mel
Fez com ele uma esparrela
Porque viu o nome dela
Num folheto de cordel

Analisando essa Perna
Às vezes fico iracundo
Que a Perna era fantasma
Veio a conclusão no fundo
Quem pesquisar à miúda
Diz que a Perna Cabeluda
É coisa do fim do mundo

5
Eu não ignoro isso
Porque a era é chegada
Conforme o que tenho lido
Na escritura sagrada
Essa Perna para mim
É o princípio do fim
Não admiro de nada

Noticiário da Perna
Eu vi na televisão
Nas manchetes dos jornais
Trazidos da redação
Sua existência propala
Mas não é só eu quem fala
É toda população

Viram ela antes da festa
Lá na usina Tiúma
Na casa número 13
Ajuntou gente de ruma
Chamaram Edu, ele então
Por força de oração
Disse pra ela: — Se suma!

6

Essa Perna Cabeluda
Que gosta de dar pernada
Se ela chegar em Prazeres
Vai levar muita pancada
Deixa de ser abiúda
Se ela for cabeluda
Dessa vez fica pelada

Emiliano boleiro
Da rua Vasco da Gama
Me disse que essa perna
Projetou-se, criou fama
Cantando bilu-tetéia
brigou até com uma véia
que tinha embaixo da cama

A Perna sempre aparece
Ou no domingo ou no sábado
Ninguém esperava e ela
Chegou na feira do Cabo
Foi um dia em Gameleira
Em Escada no mercado
A Perna pintou o diabo

7

A Perna passou um dia
Na avenida Rui Barbosa
Derrubou de uma pernada
Um sítio de manga rosa
Não gosta de ver marreca
E já tirou a cueca
De um rapaz chamado Josa

Eu vou dizer quando é
Que essa Perna tem fim
No dia que a danada
Der uma pernada em mim
Ter medo coisa nenhuma
E chegar lá em Tiúma
Acabo com seu pantim

No ônibus de Três Carneiros
Ela encontrou com Zé Grosso
Passou mais de quatro horas
Montada no seu pescoço
Pisou Zé Grosso no pé
Ainda obrigou o Zé
Pagar pra ela um almoço

8

Em Casa Caiada a Perna
Fez miséria com o povo
Tinha desaparecido
Agora chegou de novo
Se eu encontrar com ela
Me monto na cacundela
E a refrega resolvo

De madrugada encontrou
Com um vendedor de pão
Comeu setenta pães doces
Um saco de bolachão
Ainda disse pra Jona
Tome o balaio e a lona
Leve pra forrar o chão.

A RESPOSTA DA CARTA DE SATANAZ A ROBERTO CARLOS

A resposta da carta de Satanás a Roberto Carlos

Leitores eis a resposta
Da carta que Satanás
Mandou pra Roberto Carlos
Há poucos dias atrás
Escrita pelo Cão Côxo
Lucifer e Capataz

Quem leu a nota da carta
Que Satanaz enviou
Ao Cantor Roberto Carlos
Com certeza não gostou
Mas lendo agora a resposta
Quase se escangalhou

Pois quando Roberto Carlos
Resolveu dar a resposta
Disse o Satanás com raiva:
– Vai estourar pelas costas
E se ele tiver vergonha
Lendo a missiva não gosta!

Mais ou menos esse roteiro
Dizia o teor da carta:
"Quando falar no meu nome
Peça licença primeiro"
Assina Roberto Carlos
Maior cantor brasileiro

Satanás cabra safado
Estou danado com você
Não entendi patavina
Do que mandou me dizer
Sua letra é um garrancho
Prova que não sabe ler!

Você me disse na carta
Que fez um Inferno novo
Estava desocupado
Somente esperando o povo
E agora estava lotado
Que só um pinto no ovo

Nunca pensei que você
Fosse mentiroso assim
Péssimo pedante e afoito
Cabra safado e ruim
Nunca lhe dei liberdade
Pra mandar carta pra mim

Me disse que no inferno
Tinha lugar pra chifrudo,
Mulher que fuma maconha
Corno, ladrão e galhudo
Conquistador e malvado
Maloqueiro e casacudo

E vem dizer que mandei
O povo pra sua casa
Aqui você não me atenta
Seu poder não me atanaza
O seu fogo não me queima
Porque já sou uma brasa

Aqui eu vivo cumprindo
Código da Lei do Eterno
Apenas gravei um disco
Foi um sucesso moderno
O que ganhei de dinheiro
Dá pra comprar seu Inferno

Em coisa nenhuma sou
Subordinado a você
Que é quase analfabeto
A gente logo já vê
Dance seu tango safado
Que eu danço meu iê-iê-iê

O Inferno que falei
Não é seu Inferno quente
Alias é um Inferno
Do seu todo diferente
Que você não compreende
Nada do seu expoente

E de agora em diante
Já botei no meu caderno
Não vai haver mais pecado
Foi ordem do pai eterno
Pode pecar à vontade
Que não entra no Inferno

Existe mais um projeto
Desenhar seu escritório
A prefeitura indeniza
A parte do purgatório
Pois eu comprei o terreno
Vou construir um cartório

Já arranjei uma empresa
Para mandar construir
Só lhe dou sessenta dias
Afim de você sair
Ou então fique debaixo
Pra ver o prédio cair

E fique mesmo sabendo
Que não sou cantor barato
Para derrubar seu reino
Sou um sério candidato
São Miguel já deu a ordem
Para cassar seu mandato

Todas almas do inferno
Jesus perdoou de vez
De todos os condenados
Você só fica com três
O seu pai e sua mãe
E você por sua vez

E não é só por 10 anos
Que seu mandato é cassado
É até o fim do mundo
É bom ficar avisado
Se você beijar a cruz
Assim será perdoado

E depois de tudo isso
Ainda há um porém
Fazer o sinal da cruz
Rezar o credo também
E prometer a Jesus
Não atentar mais ninguém

E tem mais um obstáculo
Se ganhar a eleição
Vou derrubar seu Inferno
Não quero reclamação
Não lhe dou aviso-prévio
Nem indenizo um tostão

E ainda lhe condeno
Com o poder de Jesus
Você tem que ficar cego
Sem ver o claro da luz
Tem que imitar o Cristo
Carregando a mesma cruz

Vão ser todos castigados
No reino de Satanás
Todos que tenham patente
Não deixo nenhum em paz
Principalmente Cão Caro
Lucifé e Capataz

E depois de Satanás
Ter o mandato cassado
Vai depois na CPI
Porque está processado
Vai responder o inquerito
Dessa vez fica lascado

Satanás disse chorando
Que a cruz não carregava
Mas na vida de Roberto
Nunca mais se importava
Podia morrer cantando
Que ele nunca ligava

Agora estão intrigados
Roberto com Satanás
Porque roberto pediu
Que o Cão lhe deixe em paz
Porque tinta num papel
Com ele não gasta mais

Roberto disse pra ele:
— Deixe meu nome de mão
Porque pode complicar
A sua situação
Eu vivo bem ocupado
Pra dar liberdade a Cão!

Eu tenho muita razão
De lhe tratar com desdém
Você lá quer ser o Rei
Aqui eu sou Rei também
Garanto que não vou lá
Mas aqui você não vem!

Roberto Carlos fez bem
Tomar essa decisão
Roberto pertence a Deus
Satã pertence a Plutão
Seu reino aqui é de Deus
O reino dele é do Cão

Satanás tem esperteza
Roberto foi mais esperto
Satanás estava errado
Mas Roberto estava certo
Satanás perdeu na briga
Levou queixa de Roberto

E para finalizar
Deixe meu nome de mão
Do contrário leva um banho
De enxofre com alcatrão
E pode socar seu inferno
No buraco do feijão

José Soares
O Poeta-Repórter

O QUE O MERCADO DE SÃO JOSÉ TEM

FOLHETARIA CORDEL
1975

O que o Mercado de São José tem

Diz um antigo advérbio
Quem faz bem recebe o bem
Um adágio também diz
Cada um vale o que tem
Mas no dizer da manada
Ninguém conhece ninguém

Dos poetas quero as rimas
Dos apóstolos quero a fé
Para fazer fé com rimas
As rimas dou o que é
Que olho e vejo o que tem
No Mercado São José

O Mercado São José
Tem periquito e girafa
Muitas coisas pra cabelo
Escova, pente e marrafa
Gelada sem ser gelada
E cabelo de garrafa

2

Tem dr. propagandista
Todo metido na beca
Dizendo que tem remédio
Até pra curar careca
Fazer velha ficar moça
Parecendo uma boneca

Antes do dia amanhacer
Você vê gente de túia
Um caça o que não perdeu
Outro procura aleluia
Tudo que procurar tem
Até cabelo de cúia.

Banana de carbureto
Quem vê diz que está madura
Jaca grossa, jaca fina
Jaca mole, jaca dura
Queijo da cor de manteiga
Mas é de batata pura

Na frente do cine Glória
É tanta mulher gogoia
Com a barriga empinada
Parece uma siricoia
Feia que só uma foice
Chamando os homens de jóia

3

Na praça dos engraxates
Tem um cego sanfoneiro
Tem um curió cantando
Tira teima no pandeiro
Excomungando do povo
Que não intera o dinheiro

Tem um gogó tão inchado
Que parece um papavento
Crente fazendo sermão
Sem saber do mandamento
Cabelereiro afamado
Fazendo barba no vento

Tem um cara todo sujo
Que parece um bigurrilo
Vendendo cachorro quente
Com pé de barata e grilo
Sem atestado de óbito
O diabo é quem come aquilo

Um sujeito macho-e-fêmea
Que mora lá no Pacheco
Disse que não é veado
Mas gosta daquele beco
Porque ali enricou
Vendendo flor de pau seco

4

Tem tanta mulher que vem
De lá de Jaboatão
Tem mulher do Mata-Sete
do Ibura, do Jordão
Mas a mulher mais jeitosa
É aquela do Fundão

Tem uma tal Boazuda
E Maria Chega-Cedo
Que tudo que faz de noite
De dia conta o segredo
Uma vez olhou pra mim
Sorriu mas eu tive medo

Tem mulher naquela área
Que parece uma visagem
Uma pedindo cigarro
Outra pedindo passagem
As moças passam dizendo:
– Repara que fuleragem!

É dois cruzeiros uma papa
Num prato quebrado a beira
Que parece um pega-mosca
Coberto de varejeira
E nem a Saúde Pública
Impede aquela nojeira

5

E lá na seção de peixe
É onde mais se explora
Gritam logo tem cavala
Novinha chegada agora
Você compra uma pesada
Chega em casa é albacora

Tem suspensório de cobra
Gravata de mariposa
Freio de amansar mosquito
Tinta de escrever em lousa
Camisa de sete varas
E cinturão de raposa

Tem chifre de cabra mocha
Surucucu de combuco
Tem cabo de estrovenga
Tigela de tomar suco
Tem caldo sem ser de cana
Camisa do vuco vuco

Tem prego de duas cabeças
Comer que não mata fome
Homem vestido de saia
Mulher com calça de homem
Dentadura de elefante
E couro de lobisomem

6

Tem caroço de maçã
E semente de banana
Chocalho de vagalume
Veneno de ratazana
Esponja de penteado
Para pentear a pestana

Sapato setenta e sete
Baralho de xangozeiro
Semente de cá-te-espero
Pratinelas de pandeiro
Madeira de dar em doido
Máquina de fazer dinheiro

Tem fígado, queijo do reino
Cúia sem ser de cabaço
Compasso com quatro pernas
Agulha de furar aço
Sopa de capim gordura
Usina moída a braço

Lá temos ovos sem gema
E semente de dinheiro
Pés de libras esterlinas
Barba de pai de chiqueiro
Reclamação de defunto
Barbicacho de vaqueiro

7

Laço de matar mutuca
Cravo de pregar chuteira
Marreta de quebrar vento
Quentura de geladeira
Bilro de fazer crochê
Luva de mulher galheira

Gaiola de papagaio
Marrã, ovelha e burrega
Uva preta e uva branca
Sapota e raspa da nega
Chapéu de apara-castigo
Samburá, cera e manteiga

Lá tem cravo de defunto
Gaiola de bacurau
Espeto de assar manteiga
Casa de penica-pau
Lençol que o matuto compra
Para forrar catatau

Se vende agulha sem fundo
Mel de pente de macaco
Tabacaria à vontade
Pra vender fumo e tabaco
Japonês e quebra-queixo
Dudu gelado e cavaco

8

Remédio de curar câncer
Machado de cortar pão
Rastro de alma perdida
Baba de negro pagão
Rede de pegar baleia
Sebo de fazer sabão

Espingarda de dois canos
Sapato de couro cru
Remédio pra quem mareia
Doce de jaca e caju
Calça que não tem barguilha
Que vem de Caruaru

Alpargata de rabicho
Cochete de mini-saia
Blusa de cobrir a frente
Chorte tomara-que-caia
Peruca e cordão de frade
Para tomar banho de praia

Lá tem ovo de codorna
Camarão frito e cachaça
Beiju intala cachorro
Ovos de galo de raça
Dentadura de elefante
Frango de pena de praça.

José Soares
O POETA-REPÓRTER
(Proprietário: Espólio do autor)

O HOMEM que se casou com uma PORCA em Alagoas

XILOGRAVURA DE MARCELO SOARES

FOLHETARIA CORDEL
1973

O homem que se casou com uma porca em Alagoas

Eu li no jornal um caso
E fiquei meditabundo
Botei seu todo no meu,
Tornei-me até iracundo
Depois acalmei e disse:
— São coisas do fim do mundo

Foi divulgada a notícia
Com denodo e fundamento
Que José Cícero da Silva
Moço de bom sentimento
Seviciou uma porca
E contraiu casamento

José Cícero da Silva
Um homem trabalhador
Exercendo em sua terra
Profissão de lavrador
Na vila de Fernão Velho
Onde era morador

2

Dizem que foi obrigado
Casar com esse animal
Que era de propriedade
Do senhor Luís Cabral
Ou por sorte ou por castigo
Fizeram a ele esse mal

Outros dizem que José
Caiu nesse pandemônio
Por ironia da sorte
Ou tentação do demônio
Um cristão e uma porca
Contraíram matrimônio

Quando correu a notícia
Que José tinha casado
Com a porca de Luís
Houve um bafafá danado:
O pobre José da Silva
Quase morreu envergonhado

3

O senhor Luís Cabral
Com toda sinceridade
Disse que a porca era
De sua propriedade
E se José casou com ela
Foi contra sua vontade

Perante as autoridades
Revelou por sua vez
Que o casamento foi feito
No dia 13 do mês
De agosto, Às quatro horas
Do ano setenta e três

Celebraram o casamento
Sem vigário e sem toró
Na vila de Fernão Velho
Numa tristesa sem dó
Distante 15 quilômetros
Da capital Maceió

4
No Livro de Ocorrência
Do distrito de Fernão
De José Cícero da Silva
Foi registrada a prisão
Logo após o casamento
Sem festa nem capelão

José Cícero era solteiro
E no amor veterano
E nunca pensou na vida
Sentir um desgosto insano
E os filhos da candinha
Chateando a todo pano

E José Cícero da Silva
Conforme o poeta leu
O povo da vizinhança
O chamava de Romeu
Mas esse não era o nome
Que o batismo lhe deu

5
De tudo que não prestava
Romeu estava acusado:
"Viva o marido da porca!..."
Ninguém ficava calado
Outros sorrindo diziam:
"Dê parabéns ao tarado!"

Quando perguntavam a ele
Em meio a toda buzina:
— Romeu você leva gosto
Casar com essa suína?
Ele dizia: — Se querem
Eu vou cumprir minha sina!

No meio desse barulho
Apareceu um sujeito
E disse: — Aceita essa porca
Como esposa de direito?
Ele baixou a cabeça
E disse assim: — Eu aceito

6

Dona Naísa Martins
A mãe do noivo afirmou
Que seu filho só pensava
Na vergonha que passou
E não saiu mais de casa
Desde quando se casou

Desde o dia do casório
O pobre Romeu coitado
Não saía mais à rua
Tristonho e envergonhado
Dizendo a ela que morre
Mas não esquece o passado

Agente vê os viventes
Casar com os animais
Irmão matar irmão
Filho contestar os pais
Acho que do fim do mundo
São os primeiros sinais

7

Escola de Catimbó
Professores de feitiço,
Pai-de-Santo macumbeiro
Empleitando o serviço
Ainda vem muita coisa
Muito pior de que isso

A Romeu e a família
Deus lhes dê felicidade
Esqueça o que se passou
Pense na eternidade
E vá trabalhar com fé
Esperança e caridade

Aqui eu faço um lembrete
Ao povo de Fernão
Se isso não for verdade
Das rimas peço perdão
No mais eu li nos jornais
E vi na televisão

8
A porca era quase preta
Com a barriga amarela
Parece até que o noivo
Já tinha ciúme dela
O noivo casou sem colete
E a porca sem capela.

Volumes já lançados da Biblioteca de cordel

Patativa do Assaré *por* Sylvie Debs
Cuíca de Santo Amaro *por* Mark Curran
Manoel Caboclo *por* Gilmar de Carvalho
Rodolfo Coelho Cavalcante *por* Eno Theodoro Wanke
Zé Vicente *por* Vicente Salles
João Martins de Athayde *por* Mário Souto Maior
Minelvino Francisco Silva *por* Edilene Matos
Expedito Sebastião da Silva *por* Martine Kunz
Severino José *por* Luiz de Assis Monteiro
Oliveira de Panelas *por* Maurice van Woensel
Zé Saldanha *por* Gutenberg Costa
Neco Martins *por* Gilmar de Carvalho
Raimundo Santa Helena *por* Braulio Tavares
Téo Azevedo *por* Sebastião Geraldo Breguez
Paulo Nunes Batista *por* Maria do Socorro Gomes
    Barbosa
Zé Melancia *por* Martine Kunz
Klévisson Viana *por* José Neumanne
Rouxinol do Rinaré *por* Ribamar Lopes
J. Borges *por* Jeová Franklin
Franklin Maxado *por* Antônio Amaury Corrêa de
    Araújo
José Soares *por* Mark Dineen
Francisco das Chagas Batista *por* Altimar de Alencar
    Pimentel

ADVERTE-SE AOS CURIOSOS
QUE SE IMPRIMIU ESTA OBRA NAS
OFICINAS DA GRÁFICA VIDA E CONSCIÊNCIA,
NA CIDADE DE SÃO PAULO,
AOS DOZE DE ABRIL DO ANO DOIS MIL E SETE,
COMPOSTA EM WALBAUM DE CORPO ONZE OU DOZE,
EM PAPEL OFF-SET NOVENTA GRAMAS,
COM TIRAGEM DE DOIS MIL EXEMPLARES.